LITERATURWISSEN FÜR SCHÜLER

Thomas Mann

Von
Ulrich Karthaus

Philipp Reclam jun. Stuttgart

Mit 7 Abbildungen

RECLAMS UNIVERSAL-BIBLIOTHEK Nr. 15203
Alle Rechte vorbehalten
© 1994 Philipp Reclam jun. GmbH & Co., Stuttgart
Umschlagabbildung: Thomas Mann. Foto 1954/55
Gesamtherstellung: Reclam, Ditzingen. Printed in Germany 2005
RECLAM, UNIVERSAL-BIBLIOTHEK und
RECLAMS UNIVERSAL-BIBLIOTHEK sind eingetragene Marken
der Philipp Reclam jun. GmbH & Co., Stuttgart
ISBN 3-15-015203-8

www.reclam.de

Inhalt

I. Zeittafel	4
II. Autor und Werk	11
III. Interpretationen	41
Buddenbrooks	41
Tonio Kröger	52
Tristan	56
Schwere Stunde	61
Das Eisenbahnunglück	65
Der Tod in Venedig	69
Der Zauberberg	77
Mario und der Zauberer	89
Bekenntnisse des Hochstaplers Felix Krull	96
IV. Literaturhinweise	105
V. Abbildungsnachweis	115

I. Zeittafel

1875 6. Juni: **Paul Thomas Mann** in **Lübeck** geboren als Sohn des Kaufmanns und niederländischen Konsuls Thomas Johann Heinrich Mann (1840–91) und seiner Frau Julia geb. da Silva-Bruhns (1851–1923). Geschwister: Luiz Heinrich (1871–1950), Julia Elisabeth Therese (1877–1927), Carla Augusta Olga Maria (1881–1910) und Karl Victor (1890–1949).

1877 Wahl des Konsuls Heinrich Mann in den Lübecker Senat.

1881 Umzug der Familie in das neu errichtete Haus Beckergrube 52.

1882 Eintritt in die Privatschule »Progymnasium von Dr. Bussenius«.

1889 Eintritt in das Katharineum, realgymnasiale Abteilung. Freundschaft mit Otto Grautoff.

1890 Konfirmation in der Marienkirche. Hundertjähriges Jubiläum der Firma Johann Siegmund Mann.

1891 Tod des Vaters am 13. Oktober.

1892 Umzug der Mutter mit den drei jüngsten Kindern nach München.

1893 Edition der Schülerzeitschrift *Der Frühlingssturm. Monatsschrift für Kunst, Litteratur und Philosophie* unter dem Pseudonym Paul Thomas zusammen mit Otto Grautoff und anderen.

1894 Abgang von der Schule mit dem Berechtigungsschein für den einjährig-freiwilligen Militärdienst. Übersiedlung nach **München**. Volontariat in der »Süddeutschen Feuerversicherungsbank«. Heimliche Niederschrift der Novelle *Gefallen* während der Arbeitszeit. Kündigung bei der Versicherungsgesellschaft. Gasthörer an der Technischen Hochschule München. Bekanntschaft u. a. mit Otto Erich Hartleben, Oskar Panizza.

Arbeit am *Zauberberg*, der am 28. November erscheint.
1925 Besuch Hermann Hesses bei Thomas Mann. Anschaffung des ersten Autos. 28. Februar: Tod des Reichspräsidenten Friedrich Ebert. Offizielle Feier von Thomas Manns 50. Geburtstag. Beginn der Arbeit an *Joseph und seine Brüder*.
1926 Reise nach Paris als Gast der Carnegie-Stiftung. *Unordnung und frühes Leid*; *Lübeck als geistige Lebensform* zur 700-Jahr-Feier der Geburtsstadt, Verleihung des Professor-Titels durch den Senat. Ferienaufenthalt in Forte dei Marmi, Italien.
1927 Reise nach Warschau auf Einladung des PEN-Clubs. Mai: Freitod der Schwester Julia Mann-Löhr.
1928 Festrede zum hundertjährigen Jubiläum des Verlages Philipp Reclam jun. im Alten Theater zu Leipzig (*Hundert Jahre Reclam*).
1929 *Rede über Lessing*, *Die Stellung Freuds in der modernen Geistesgeschichte*. 15. Juli: Tod Hugo von Hofmannsthals, *In Memoriam Hugo von Hofmannsthal*. 12. November: Die Schwedische Akademie beschließt die Verleihung des Nobelpreises an Thomas Mann. Reise mit Frau Katja nach Stockholm zur Entgegennahme des Preises.
1930 Reise nach Ägypten und Palästina. *Die Bäume im Garten*, *Der Lyriker Theodor Storm – Theodor Storm, der Mensch*, *Die Forderung des Tages* (Essayband), *Deutsche Ansprache. Ein Appell an die Vernunft*, *Mario und der Zauberer. Ein tragisches Reiseerlebnis*, *Lebensabriß*.
1932 *Goethe als Repräsentant des bürgerlichen Zeitalters*, *Goethes Laufbahn als Schriftsteller*.
1933 30. Januar: Adolf Hitler deutscher Reichskanzler. 10. Februar: *Leiden und Größe Richard Wagners* (Vortrag in München). 11. Februar: Abreise nach **Holland**. Beginn der **Emigration**. 24. März: Das Ermäch-

tigungsgesetz ebnet Hitlers Weg zur Diktatur. *Die Geschichten Jaakobs* (Berlin: S. Fischer). 4. Dezember: Tod Stefan Georges in Minusio bei Locarno.
1934 Beginn der Korrespondenz mit Karl Kerényi. *Der junge Joseph* (Berlin: S. Fischer). 17. Mai – 18. Juni: Erste Reise in die Vereinigten Staaten. *Meerfahrt mit Don Quijote*. 15. Oktober: Tod des Verlegers Samuel Fischer.
1935 Zweite Reise in die USA. Ehrendoktorwürde der Harvard University (zusammen mit Albert Einstein). Gast des Präsidenten Roosevelt. Brief in das Friedensnobelpreis-Komitee in Oslo, in dem Thomas Mann die Preisverleihung an Carl von Ossietzky befürwortet.
1936 *Freud und die Zukunft, Joseph in Ägypten* (Wien: Bermann-Fischer), Beginn der Arbeit an *Lotte in Weimar*. Aberkennung der deutschen Staatsangehörigkeit. Aberkennung der Ehrendoktorwürde der Philosophischen Fakultät der Universität Bonn (Dekan Karl Justus Obenauer).
1937 *Ein Briefwechsel*. 6.–29. April: Dritte Reise in die USA. Rede *Bekenntnis zum Kampf für die Freiheit*. Vorbereitung der ersten Ausgabe von *Maß und Wert* (Zeitschrift).
1938 *Vom künftigen Sieg der Demokratie, Richard Wagner und der Ring des Nibelungen*. Februar–Juli: Vierte Reise in die USA. Rede bei der Eröffnung der Thomas Mann Library an der Yale University. 13. März: ›Anschluß‹ Österreichs an das Deutsche Reich. **Zweite Emigration** über **Paris** und **Boulogne** in die **Vereinigten Staaten**. Professur in Princeton. Münchener Konferenz von Hitler, Mussolini, Chamberlain und Daladier: Abtretung der sudetendeutschen Gebiete der Tschechoslowakei an das Deutsche Reich. *Dieser Friede, Achtung Europa, Schopenhauer*.
1939 *Bruder Hitler, Einführung in den »Zauberberg«*. Für

Studenten der Universität Princeton. Ehrendoktorwürde der Princeton University. Juni–August: Ferienaufenthalt in Noordwijk aan Zee. 1. September: Beginn des Zweiten Weltkriegs. *Lotte in Weimar*.

1940 *Dieser Krieg*. 22. Juni: Waffenstillstand mit Frankreich. Oktober: Beginn der monatlichen Radiosendungen *Deutsche Hörer!* (bis 1945), *Die vertauschten Köpfe*.

1941 Bau eines Hauses in **Kalifornien**. 22. Juni: Überfall der deutschen Wehrmacht auf die Sowjetunion. 7. Dezember: Überfall der japanischen Luftwaffe auf die amerikanische Flotte in Pearl Harbour. 11. Dezember: Deutsche und italienische Kriegserklärung an die USA.

1942 Einzug in das neue Haus. Das »Buddenbrook«-Haus in Lübeck wird durch einen britischen Luftangriff zerstört.

1943 Abschluß der Arbeit an *Joseph und seine Brüder*. Kapitulation der deutschen VI. Armee in Stalingrad. Beginn der Arbeit an *Doktor Faustus*, Bekanntschaft und Zusammenarbeit mit Theodor W. Adorno. *Joseph, der Ernährer* (Stockholm: Bermann-Fischer).

1944 6. Juni: Alliierte Invasion in der Normandie. 23. Juni: Thomas Mann erhält die amerikanische Staatsbürgerschaft. *Das Gesetz*.

1945 *Deutschland und die Deutschen*. 12. April: Tod von Franklin D. Roosevelt. 30. April: Selbstmord Hitlers. 7./8. Mai: Kapitulation Deutschlands. 6. und 9. August: Atombomben auf Hiroshima und Nagasaki. Offener Brief Walter von Molos an Thomas Mann mit der Aufforderung, nach Deutschland zurückzukehren. *Warum ich nicht nach Deutschland zurückgehe*, *Adel des Geistes. Sechzehn Versuche zum Problem der Humanität*.

1946 Mitte April – 28. Mai: Lungenoperation in Chicago. 6. Juni: Tod Gerhart Hauptmanns.

1947 *Doktor Faustus. Das Leben des deutschen Tonsetzers Adrian Leverkühn, erzählt von einem Freunde* (Stockholm: Bermann-Fischer).
1948 *Nietzsches Philosophie im Lichte unserer Erfahrung.*
1949 21. April: Tod des Bruders Victor Mann. 21. Mai: Freitod des Sohnes Klaus Mann. *Die Entstehung des Doktor Faustus* (Amsterdam: Bermann-Fischer/Querido). *Ansprache im Goethejahr 1949* (Festvortrag in der Paulskirche, Frankfurt am Main), Verleihung des Goethe-Preises der Stadt Frankfurt. In Begleitung Johannes R. Bechers in Weimar. *Ansprache in Weimar*, Verleihung des Goethe-Preises, Ehrenbürgerrecht der Stadt Weimar.
1950 12. März: Tod des Bruders Heinrich Mann in Santa Monica, Kalifornien. *Die Erotik Michelangelos.*
1951 Wiederaufnahme der Arbeit am *Krull*, *Der Erwählte.*
1952 Rückkehr nach **Europa**, Übersiedlung in die **Schweiz**. *Lob der Vergänglichkeit.* Offizierskreuz der Ehrenlegion.
1953 *Die Betrogene.*
1954 *Bekenntnisse des Hochstaplers Felix Krull*, Beginn der Arbeit an einem Schauspiel *Luthers Hochzeit* (unvollendet), Arbeit am *Versuch über Schiller.*
1955 Ehrenbürgerrecht der Vaterstadt Lübeck. Schillerfeier in Stuttgart und Weimar, Ehrendoktorwürde der Universität Jena. Aufenthalt in Noordwijk aan Zee. Erkrankung an einer Thrombose. Überführung in das Zürcher Kantonsspital. 10. August: Wahl in die Friedensklasse des Ordens Pour le Mérite. Am 12. August, 20 Uhr, tritt der Tod ein.

II. Autor und Werk

Thomas Mann begann seine Laufbahn als Schriftsteller mit der Prosaskizze *Vision* (VIII,9f.), die in der Schülerzeitschrift *Der Frühlingssturm* 1893 erschien, und beendete sie im Juli 1955 mit einem Geleitwort zu der Anthologie *Die schönsten Erzählungen der Welt* (X,829–834). In diesen mehr als sechs Jahrzehnten schrieb er acht Romane, mehr als dreißig Novellen und Erzählungen, ein Schauspiel, ein Versepos, zahlreiche Essays, autobiographische Schriften, Vorträge, Reden und politische Manifeste sowie an die dreißigtausend Briefe. Er führte sein Leben lang Tagebuch; von diesen Tagebüchern, soweit sie erhalten sind, erschienen bisher neun Bände, einer steht noch aus. Diese beeindruckende Lebensleistung könnte jemanden, der sich mit dem Werk Thomas Manns beschäftigen will, entmutigen; es ist deshalb sinnvoll, sich auf einige wenige Werke und Themenkomplexe zu konzentrieren, von denen aus sich dann bei weiterer Beschäftigung der Zugang zu den weniger beachteten und am Rande des allgemeinen Interesses liegenden Werken und Fragestellungen finden läßt.

Thomas Mann entstammte einer Familie von wohlhabenden Kaufleuten, die in Lübeck zu den tonangebenden und herrschenden Patriziern gehörten; der Vater Thomas Johann Heinrich Mann, Inhaber der Firma »Johann Siegmund Mann, Getreidehandlung, Kommissions- und Speditionsgeschäfte«, war Königlich Niederländischer Konsul und wurde sechsunddreißigjährig in den Senat gewählt, wo er zahlreiche Ämter bekleidete; zuletzt war er Präsident der Steuerbehörde, nahm also die Funktion eines Finanzministers der Freien Hansestadt wahr. Die Mutter wurde in Brasilien als Tochter eines aus Lübeck stammenden Plantagenbesitzers und »einer portugiesisch-kreolischen Brasilianerin« (XI,98) geboren, wie Thomas Mann 1930 im

Lebensabriß schrieb. Er selbst hat mehrfach auf diese Bedingungen hingewiesen, die sein Leben und sein Werk bestimmten: Einerseits ist da das bürgerlich-protestantische Leistungsethos, der Fleiß und der Sinn für Qualität, die er sich selbst als Kaufmannssohn zuschrieb; andererseits »die künstlerisch-sinnliche Richtung« (XI,98), auch wenn er diese Kombination gelegentlich leicht ironisierte.

Als er zu schreiben begann, im letzten Jahrzehnt des neunzehnten Jahrhunderts, herrschte in Europa ein literarisches Klima, das man mit den Stichworten Dekadenz, Symbolismus, Impressionismus und Jugendstil beschreiben kann. Es war eine Epoche, in der mehrere unterschiedliche und gegensätzliche Tendenzen zusammentrafen und jene Konstellation schufen, die sich als literarische Moderne in einem bestimmten Sinne bezeichnen läßt: eine Zeit des Pluralismus, in der sich scheinbar Gegensätzliches zu einem neuen und besonderen Geist verband.

Man kann das an den frühen Erzählungen Thomas Manns beobachten. Da ist zunächst eine deutliche Niedergangsstimmung, eine Müdigkeit und Todesnähe, die aber keineswegs als deprimierend empfunden wird. Die Protagonisten der Novelle *Der Wille zum Glück* (1896), der fiktiven Tagebuchblätter *Der Tod* (1897) und der Novelle *Der Bajazzo* (1897) sind Menschen ohne eine fest umschreibbare gesellschaftliche Position oder Aufgabe, die letzten Erben ehemals bedeutender und großer Familien; sie leben von den Zinsen eines ererbten Vermögens, das sie nicht mehr zu vermehren wissen. Todessehnsucht oder doch der Gedanke an den Tod als einzige Möglichkeit erfüllt sie; es sind Menschen von stark ausgeprägter künstlerischer Sensibilität, aber ohne die Fähigkeit zu einem Werk; ihre Beschäftigung gleicht der des kleinen Herrn Friedemann, der sich dem Lebensgenuß hingibt: sei es, daß er eine Zigarre raucht oder ein gutes Buch liest. Die großen Aufgaben sind von den Vätern gelöst worden, das Leben hat keinen Sinn mehr. Im *Zauberberg* (1924) hat Thomas Mann die Dekadenz als

Um 1899

das »sittliche Befinden« seines Hans Castorp im Rückblick beschrieben; »das Unpersönliche um ihn her«, »die Zeit selbst« habe »sich ihm als hoffnungslos, aussichtslos und ratlos heimlich zu erkennen gegeben« (III,50).

In diesem Bewußtsein des Décadents lag ein indirekter Protest gegen eine deutliche Tendenz der Gesellschaft. Der Fortschrittsoptimismus, der sich im Laufe des neunzehnten Jahrhunderts als eine Folge der wissenschaftlichen und technischen Erfolge und der deutschen Reichsgründung von 1871 entwickelt hatte, wird in den Werken des jungen Thomas Mann als banal und unintelligent angesehen; Gerda Buddenbrook nennt ihn »fade« (I,509), weil er der intellektuellen und künstlerischen Sensibilität ermangelt.

Diese Sensibilität macht den Décadent zum Impressionisten, der seine Empfänglichkeit für die Wahrnehmungen und Eindrücke des Augenblicks zu steigern sucht;[1] man kann das Frühwerk Thomas Manns mit dieser impressionistischen Haltung vieler Figuren auch als symbolistisch bezeichnen: damit ist die Fremdheit gegenüber der vom wissenschaftlichen Positivismus, der politischen Machtsteigerung und dem bürgerlichen Erwerbsstreben geprägten Welt gemeint. Der Naturalismus war, als Thomas Manns frühe Werke entstanden, zu Ende; die Absicht, in irgendeiner Weise auf die soziale Wirklichkeit einzuwirken, ist ihm fremd. Das Kunstwerk, auch die Dichtung, wird als autonom verstanden, das heißt: sie folgt eigenen Gesetzen.

Im Werk Thomas Manns haben Dekadenz und Symbolismus eine besondere literarische Ausdrucksform gefunden: die Ironie, in der sich die Distanz zur Wirklichkeit mit einer scharfen Beobachtungsgabe, bisweilen bis zur Skepsis gesteigert, verbindet. Ein Beispiel dafür bietet der Vortrag *Meine Zeit*, den er 1950 in Chicago hielt: da berichtet er,

---

1 Hermann Bahr schreibt 1891: »Wenn die Moderne Mensch sagt, so meint sie Nerven« (zit. nach: *Impressionismus, Symbolismus und Jugendstil*, hrsg. von Ulrich Karthaus, Stuttgart 1977 [u. ö.], Reclams UB, 9649, S. 124).

wie er als Kind – vermutlich am 5. Juni 1887 – Kaiser Wilhelm I. nicht nur gesehen, sondern eindringlich beobachtet hat: »die Fingerenden seiner Handschuhe hingen lose über seine Finger hinaus, wenn er die Hand zitternd zum Mützenschirm erhob« (XI,306); was demonstriert, wie der knapp Zwölfjährige vorurteilslos und genau zu sehen vermag; die präzise Erinnerung an die Beobachtung aber wird aufbewahrt und später literarisch verarbeitet.
Damit aus solch skeptisch-vorurteilsloser und genauer Beobachtung Ironie wird, müssen Distanz und Neutralität hinzukommen. Thomas Mann gewinnt sie mit der Novelle *Der kleine Herr Friedemann* (1898), deren Eingangssätze einer genaueren Stilanalyse diese Neutralität des Erzählers zeigen. Am 6. April 1897 schreibt er an den Freund Otto Grautoff, er habe mit dieser Novelle »die diskreten Formen und Masken« gefunden, in denen er »mit [seinen] Erlebnissen unter die Leute gehen« könne. Damit wird die Ironie definiert: Masken sind Formen der Verstellung; Ironie heißt dem ursprünglichen griechischen Wortsinn nach nichts anderes. Die Verstellung besteht einmal darin, daß einer literarischen Figur Erlebnisse und innere Erfahrungen des Autors anvertraut werden, so daß diese Figur eine Möglichkeit des Dichters in der Dichtung verwirklicht; Thomas Manns bürgerliche Erziehung verpflichtete ihn zur Diskretion; zeitlebens war er auf die Wahrung seiner Würde sorgsam, ja ängstlich bedacht.
Literarisch verwirklicht wird diese Ironie im *Kleinen Herrn Friedemann* durch einen häufigen Wechsel der Erzählperspektive. So wie in der sokratischen Ironie der Wissende sich als unwissend ausgibt, so erzählt der Erzähler dieser Novelle vom Standpunkt des neutralen Beobachters, eines Freundes der Familie und eines Familienmitgliedes, so daß sein eigenes Urteil verborgen bleibt.
Dieser Perspektivismus ist durch die Philosophie Nietzsches in die literarische Moderne gedrungen. Für Thomas Mann ist Nietzsche nicht der Philosoph des Willens zur

Macht, des Antichrist, der »blonden Bestie« und des »Übermenschen«, sondern am ehesten noch der »Umwertung aller Werte«, will sagen des Perspektivismus. Zur Definition von Thomas Manns Ironie können die Sätze aus der Schrift *Zur Genealogie der Moral* von 1887 von der Moral auf die Dichtung übertragen werden: »Es gibt *nur* ein perspektivisches Sehen, *nur* ein perspektivisches ›Erkennen‹; und *je mehr* Affekte wir über eine Sache zu Worte kommen lassen, *je mehr* Augen, verschiedne Augen wir uns für dieselbe Sache einzusetzen wissen, um so vollständiger wird unser ›Begriff‹ dieser Sache, unsre ›Objektivität‹ sein.«[2]

Was indes Thomas Mann von Nietzsche unterscheidet, ist sein Begriff des »Lebens«: nicht Nietzsches dionysisches Leben, sondern die »Liebenswürdigkeit, das Glück, die Kraft, die Anmut, die angenehme Normalität der Geistlosigkeit«[3] meint Thomas Mann, wenn er von seiner Sehnsucht nach dem Leben spricht. Es gehört zur Ironie Thomas Manns, sich von dem, was er liebt, zugleich auch im Kunstwerk zu distanzieren: das Leben besteht aus Einseitigkeiten und ist insofern lächerlich.

Ebenso ist dieses Leben aber auch ein Inbegriff des Leidens: so wie in der Décadence der Optimismus als banal erscheint, liegt im Pessimismus die Wahrheit, die hinter einer schimmernden und täuschenden Fassade gesehen wird. Mit der Schopenhauer-Lektüre im Herbst 1899 fand der junge Autor eine ihm zutiefst gemäße Antwort auf Fragen, die ihn sein Leben lang beschäftigten: der Pessimismus dieses Philosophen, der seinem eigenen entgegenkam, hinterließ seine Spuren im dichterischen Werk bis zum *Felix Krull* (1954) und ist in zahlreichen Äußerungen nachzuweisen.

Ein literarisches Denkmal hat Thomas Mann diesem Pessimismus in seinem ersten Roman *Buddenbrooks* (1901) gesetzt, dessen Untertitel »Verfall einer Familie« das Thema

---

2 Friedrich Nietzsche, *Werke in drei Bänden*, hrsg. von Karl Schlechta, Bd. 2, München ²1960, S. 861.
3 Peter Pütz, *Friedrich Nietzsche*, Stuttgart 1967, S. 85.

nennt. Er selbst spricht von einer »Geschichte der Veredelung, Sublimierung und Entartung eines deutschen Bürgerstammes« (XII,586), nicht nur das deutsche, sondern überhaupt das europäische Bürgertum habe sich davon angesprochen fühlen können. Ursprünglich sei der Roman »eine Familien-Angelegenheit und -Unterhaltung gewesen, die halb alberne Schreiberei eines etwas unregelmäßigen Zwanzigjährigen, woraus ich den Meinen vorlas und worüber wir Tränen lachten« (XI,461). Daß er für dieses Werk 1929 mit dem Nobelpreis geehrt wurde, bestätigt den europäischen Rang des Romans; daß es Tränen des Lachens erzeugen konnte, deutet an, daß Verfall, Décadence und das Bewußtsein vom Ende einer Lebensform nicht notwendig melancholisch oder traurig stimmen müssen. Jedenfalls aber blieb es, so schrieb Thomas Mann 1950 an Ferdinand Lion, »›mein‹ Buch, das mir aufgetragen und künstlerisch einzig wirklich glückliche, das immer gelesen werden wird; und wenn ich fürs Weitere irgendwelche Anerkennung verlange, so nur die, daß ich ein langes Leben, dessen Sendung eigentlich mit 25 Jahren erfüllt war, leidlich würdig und unterhaltend ausgefüllt habe«.[4] Die Zusammenstellung der beiden Worte mag überraschen, aber sie kennzeichnet seine Kunst sehr genau. Um lange bei einer Sache bleiben zu können, forderte er für den Gegenstand seiner Beschäftigung ein gewisses Gewicht, eine Bedeutung – eben Würde; zugleich aber soll nach seinem Verständnis die Kunst unterhalten.

Der Erfolg von *Buddenbrooks* ist in gewissem Sinn paradox: die Wurzeln des Romans liegen im neunzehnten Jahrhundert; dennoch wurde er einer der bekanntesten des zwanzigsten. Das hat seinen Grund in der Kompositionsweise des Werkes.

Noch zum thematischen Umkreis von *Buddenbrooks* gehört die Novelle *Tonio Kröger* aus dem Novellenband *Tristan* (1903), von der Thomas Mann 1930 im *Lebensabriß*

---

4 DüD I, S. 122.

sagt, sie stehe »noch heute vielleicht« seinem »Herzen am nächsten« (XI,115). Gelegentlich nannte er den *Tonio Kröger* auch »meinen Werther«. Während in *Buddenbrooks* am Ende der junge Hanno dem Typhus erliegt, gewinnt Tonio Kröger schließlich eine ausgewogene Beziehung zu seiner Kunst, zu seinem Leben und zur Gesellschaft – eine Entwicklung, die auch von Thomas Mann selbst vollzogen wurde. In diesem Sinne hat man die Erzählung oft als autobiographische Bekenntnisdichtung verstanden.

Vielleicht ist es aber weniger diese Eigenschaft als Dokument der eigenen Entwicklung als vielmehr die schon in *Buddenbrooks* entwickelte Kompositionstechnik, die den Erfolg des *Tonio Kröger* herbeigeführt hat.

Denn zu den bestimmenden Faktoren von Thomas Manns Denken gehört neben den Philosophien Nietzsches und Schopenhauers die Musik. Wenn Thomas Mann von Musik spricht, ist fast immer Richard Wagners Musik gemeint: Literatur ist ihm immer eine Komposition, in der Personen und Gedanken, Orte und Requisiten die Funktion musikalischer Motive übernehmen. Selbstverständlich wird an vielen Stellen des Werkes die Musik Richard Wagners beschrieben oder erwähnt; ihre Kenntnis gehörte zu Thomas Manns Zeiten zur Bildung des Bürgertums; sie spielt selbst ihre Rolle als ein die Handlung bestimmendes Motiv, z. B. in der Novelle *Wälsungenblut* (1921), in der die Geschwister Siegmund und Sieglind nach dem Besuch einer Aufführung von Wagners Oper *Die Walküre* den auf der Bühne angedeuteten Inzest Siegmunds und Sieglindes in der Tat vollziehen. Prägend für den Kunstbegriff Thomas Manns ist aber darüber hinaus die Struktur, d. h. das formprägende Gesetz von Wagners Kompositionen.

Diese Kunst stand ihm nahe wie kaum etwas anderes. Daß er sich zugleich von Wagner zu distanzieren vermochte, daß er, was ihn persönlich bewegte und künstlerisch inspirierte, zugleich ironisch und parodistisch darstellen konnte, zeigt die Erzählung *Tristan*. Die Novelle, die Wagners Oper in

II. Autor und Werk

eine bürgerliche Dreiecksbeziehung überträgt, ist nicht nur der Handlung von *Tristan und Isolde*, sondern in gleichem Maße den formprägenden Gesetzen verpflichtet, nach denen Wagner seine Musik komponierte.

Wie Thomas Mann diese musikalischen Formgesetze in die Literatur überträgt, läßt sich beispielhaft an dem Roman *Königliche Hoheit* zeigen, der 1909 erschien und auf den bereits 1903 konzipierten Plan einer »Fürstennovelle« zurückgeht. In der Existenz des Fürsten Klaus Heinrich zeigt der Roman Elemente der künstlerischen Existenz: beiden gemeinsam ist der Verzicht auf den Lebensgenuß, die Distanz, ja Fremdheit zu anderen Menschen, Haltung und Würde. Beide leben für eine Verpflichtung, nicht um des Lebens willen. In seinen Notizbüchern fixiert Thomas Mann diese Situation aus seiner Perspektive: »Abgeschlossenheit, Etikette, ungeheure Verpflichtung. Gelegentliche sehnsüchtige Ausflüge in den ›Bürgergarten‹. Aber aller Neid mit Ironie, Verachtung, tiefem Würdegefühl durchsetzt« (7–14, S. 94).

Hans Wysling hat den Roman scharf und treffend charakterisiert: »Der Eindruck ist gespenstisch: In diesem Werk drückt einer nicht aus, was er erlebt hat; er erlebt, um auszudrücken. Leben ›geschieht‹ nicht einfach; es wird vielmehr bewußt gestaltet. Es geht nicht zuletzt um den willentlichen Versuch, zu gesunden und sich zu resozialisieren.«[5]

Damit ist deutlich, daß die autobiographischen Handlungselemente nicht überbewertet werden dürfen: die Werbung um Katja Pringsheim und die Ehe mit ihr, die man im Roman bis in Einzelheiten wiederfinden kann, sind nicht das eigentliche Thema, sondern die Kunst. Man kann sich das verdeutlichen, indem man sich die Personenkonstellation vergegenwärtigt: so wie Klaus Heinrich Imma Spoelmann gegenübersteht, so der Großherzog Albrecht, Klaus Hein-

---

5 Vgl. *Thomas-Mann-Handbuch*, hrsg. von Helmut Koopmann, Stuttgart 1990, S. 386.

richs Bruder, dem Milliardär Samuel Spoelmann; so wie der Titelfigur ihr Mentor Raoul Überbein zugesellt wird, so hat Imma die Gräfin Löwenjoul zur Gesellschaft. Diese symmetrische Gruppierung spart den Dichter selbst aus; er erscheint nur einmal, in der Mitte des Romans, in der karikierten Gestalt des preisgekrönten Axel Martini.

Im Gespräch mit ihm, dem Verfasser eines »schäumenden und betäubenden Wortsturzes« (II,173) zum Lobpreis des Lebens, erfährt Klaus Heinrich, daß der »Beweis und Prüfstein des Berufes zur Poesie« in der »unbedingten Unfähigkeit zu allem anderen« (II,176) zu sehen sei, daß der Dichter im bürgerlichen Leben scheitern muß, ja, daß er aufgrund seiner körperlichen und gesundheitlichen Konstitution kaum lebenstauglich ist. Er ist deshalb Asket, denn »die Darstellung des Lebens nimmt durchaus alle Kräfte in Anspruch« (II,178), das Leben selbst wird nur in Andeutungen gelebt; »die Entsagung ist unser Pakt mit der Muse, auf ihr beruht unsere Kraft, unsere Würde, und das Leben ist unser verbotener Garten« (II,178).

Größte Behutsamkeit ist geboten bei der Übertragung biographischer Motive aus dem Leben Thomas Manns in die Deutung seiner Dichtung – das mindestens muß man aus der Begegnung des Prinzen mit dem Dichter schließen: keiner von beiden verkörpert das Idealbild des Dichters, keiner auch seine Realität, sondern beide sind gleichsam musikalische Variationen des zugrundeliegenden Problems, der eine der Karikatur, der andere dem Ideal angenähert.

Diese musikalische Kompositionsweise läßt sich besonders schön an der Figur des Arztes Dr. Sammet beobachten: er wird aus einer Laune des Großherzogs zur Geburt Klaus Heinrichs hinzugezogen und verschafft dem Fürsten Aufschluß über die Mißbildung des Prinzen; zugleich kann er sein Leistungsethos formulieren, ein Motiv, das sich dann in der Person Dr. Überbeins, des Mentors und Freundes Klaus Heinrichs, breit ausgeführt wiederfindet. Dann wird er zum Katalysator der Handlung, indem er die gesellschaftliche Bekanntschaft Klaus Heinrichs und Imma Spoelmanns vermittelt. Damit diese eigentliche Funktion seiner Figur in der Romanhandlung aber nicht zu überraschend und unvermittelt erscheint, wird er zuvor vom sterbenden Großherzog an dessen Bett gerufen, womit zugleich sein erster Auftritt – die Assistenz bei der Geburt des Prinzen – gleichsam spiegelbildlich wiederholt wird. Nachdem er Klaus Heinrich und Imma im Dorotheenspital einander vorgestellt hat, ist seine Rolle zu Ende: er wird nur noch am Schluß des Romans anläßlich von Raoul Überbeins Tod erwähnt.

Der Roman verwirklicht nicht nur dies Kompositionsprinzip, sondern er berichtet davon, und zwar immer dort, wo von den Predigten des Oberkirchenratspräsidenten D. Wislizenus erzählt wird (II,49,90,361 f.): seine Kanzelreden sind »Kunstleistungen«, der Predigttext wird durch sie »reich instrumentiert«, denn er arbeitet »motivisch« wie sein Dichter.

Diese Beobachtungen stehen einer ganz anderen Interpretation nicht im Wege, sondern werden durch sie ergänzt. Man kann den Roman auch unter geschichtlich-soziologischem Aspekt als eine Darstellung des Fürstentums und seiner Funktion zur Zeit seiner Entstehung lesen: dann erscheint er als Kritik an einer überlebten Institution. Die wird vor allem von Klaus Heinrichs Bruder, dem Großherzog Albrecht II., formuliert, der mehrfach seine politische Funktionslosigkeit beklagt und seine Rolle mit »Widerwillen« als »Zwang« (II,125) betrachtet. Die Romanhandlung wäre dann die Darstellung einer Erneuerung der geschichtlich überlebten Existenz eines dekadenten Fürstenhauses, seiner Sanierung durch die Verbindung mit dem seinerzeit modernen Großkapitalismus.

Endlich bietet sich eine Betrachtung des Romans als Märchen an: zahlreiche Motive erinnern an Märchenmotive. Nicht allein die Handlung mit ihrem operettenhaften Finale, sondern auch die Prophezeiung der Zigeunerin, die vom ersten Kapitel an im Hintergrund dem Leser bewußt ist, die Identifizierung Klaus Heinrichs und seiner Schwester mit den Personen in den Märchen, die man ihnen vorliest, ferner wichtige Parallelen zu traditionellen Märchentypen wie z. B. die Figur der schönen und eitlen Königin, die aus *Schneewittchen* bekannt ist und in der Person von Klaus Heinrichs Mutter wiederkehrt, oder Andersens Märchen von der Meernixe (II,140),[6] das Thomas Mann von Kindheit an kannte und das später im *Doktor Faustus* (1947) wiederkehren wird – diese und mehrere andere Motive zeigen, in welchem Maße Thomas Manns Kunst, entgegen einer verbreiteten Meinung, in literarischen Volkstraditionen wurzelt.

Zugleich ist diese Kunst, wie auch die Stilisierung des eigenen Lebens im Kunstwerk, der klassischen deutschen Dichtung verbunden. Nicht nur in Goethe, auch in Schiller hat er Probleme der eigenen Existenz und des eigenen Schaffens hineinprojiziert. Das zeigt schon *Tonio Kröger*, wo er von der eigenen Lektüre-Erfahrung mit *Don Carlos* erzählt, aber vor allem *Schwere Stunde* (1905), eine Erzählung, in der er anläßlich des hundertsten Todestages des Klassikers dessen Mühe mit dem *Wallenstein* darstellt. Zugleich sieht er in der Künstlergestalt eine Bedingung künstlerischer Produktivität: den Verzicht auf das Glück, die Askese.

Aus alldem geht hervor, daß das Werk Thomas Manns nicht mit einer einzigen Fragestellung erschöpfend interpretiert werden kann, sondern daß es, nicht nur in *Königliche Hoheit*, verschiedene Methoden zu seinem vollen Verständnis fordert: die Strukturanalyse, die Frage nach der politisch-geschichtlichen Aktualität, die Erforschung der im Werk verwendeten und verwandelten poetischen und märchenhaften Motive, die den Roman mit der literarischen Tradition verbinden, zeigen jeweils Aspekte auf, von denen keiner dogmatisch zum allein gültigen Deutungsprinzip er-

---

6 Vgl. Antje Syfuß, *Zauberer mit Märchen*, Frankfurt a. M. 1993.

II. Autor und Werk

hoben werden kann. Der literarische Rang von Thomas Manns Werk liegt u. a. auch in seiner interpretatorischen Ergiebigkeit: man kann es von vielen Gesichtspunkten aus lesen und wird jeweils neue Entdeckungen machen.

Der Begriff von Thomas Manns Ironie kann von hier aus weiter definiert werden: sie zeigt sich nicht nur in der einzelnen Formulierung, nicht nur im Perspektivenwechsel und in der Distanzierung vom erzählten Vorgang, sondern auch in der auf Vieldeutigkeit hin komponierten Anlage des Werkes.

Thomas Mann hat sich in zahlreichen Essays zu seiner Dichtung und zu Fragen der literarischen Ästhetik geäußert; auch dort, wo er über andere Autoren schreibt, spricht er im Grunde über sich selbst. Der Titel seiner ersten literarisch-ästhetischen Schrift *Bilse und ich* (1906) ist auch insofern ein Programm, als er signalisiert, wie sehr alle seine literaturhistorischen und literaturkritischen Arbeiten, ja auch seine Äußerungen etwa über Sigmund Freud oder Friedrich den Großen von ihm selbst handeln. Man kann mit einem psychologischen Fachausdruck von Narzißmus sprechen, womit eine übertriebene Verliebtheit in sich selbst bezeichnet wird. (Das Wort leitet sich von der in Ovids *Metamorphosen* beschriebenen Verliebtheit des Narkissos in sich selbst her, an der er zugrunde geht.) Man kann aber auch in den beständigen und stets erneuten Reflexionen Thomas Manns über sein Künstlertum eine Folge des protestantischen Rechtfertigungsethos sehen, in dem er erzogen wurde: sich Rechenschaft über sich selbst abzulegen, über die gelebte Zeit und ihre produktive Nutzung, gehörte zu seinem Ethos. Deshalb hat er sein Leben lang Tagebuch geführt.

In der Studie *Bilse und ich* macht er deutlich, daß die Wirklichkeit, die in seinem Werk erscheint, ihm nur Material für die »Beseelung« mit dem sei, »was des Dichters ist« (X,15), also für ihre »subjektive Vertiefung« (X,16). Der Künstler wolle »erkennen und gestalten«; die »sittliche Weihe« seiner

Existenz habe ihren Grund im »geduldige[n] und stolze[n] Ertragen der Schmerzen« (X,19), die davon unzertrennlich seien. So wird der Künstler von seinem »Dämon« genötigt, »rücksichtslos« das Charakteristische zu fixieren (X,20). Die Bedingung dafür ist seine »innere Unabhängigkeit, Ungebundenheit und Einsamkeit« (X,22). Man kann also weder ihn noch sein Werk zur Unterstützung sozialer, reformerischer, pädagogischer, wissenschaftlicher oder anderer Absichten heranziehen. Und wenn er sich, wie Thomas Mann das von den zwanziger Jahren an getan hat, politisch engagiert, so streift er sein Künstlertum ab und nimmt eine Rolle an, in die er als Kapital seinen guten Namen und seine künstlerischen Fähigkeiten investiert.
Bei alledem sind Thomas Manns Werke durchaus dem literarischen Realismus des neunzehnten Jahrhunderts verpflichtet: immer beobachtet der Künstler genau, immer hört er genau, wie seine Figuren sprechen. Beispielhaft zeigt das die kleine Erzählung *Das Eisenbahnunglück* (1909), fast eine Anekdote oder Kurzgeschichte, deren scheinbare Bedeutungslosigkeit doch bei genauerem Hinsehen Einblicke in die Zeit ihrer Entstehung und Aufschlüsse über die Art enthält, wie ihr Verfasser beobachtet.
Man kann die Episode, die hier erzählt wird, als ein heiteres Vorspiel zur Tragödie des *Tod in Venedig* (1912) lesen: hier wie dort wird von einem Künstler erzählt, der eine Reise unternimmt und dabei von einem ›Unfall‹ ereilt wird; hier wie dort wird das Leben des Künstlers mit seiner Arbeit und seinen gesellschaftlichen Bindungen beschrieben, wobei die Isolierung und Distanz des Künstlers diese Beziehung prägt. Im *Eisenbahnunglück* ergibt sich ein versöhnlich-realistischer Schluß, der den Reisenden ins Leben zurückführt; im *Tod in Venedig* kommt es zum Untergang des Künstlers, dessen moralische Fragwürdigkeit ihn zum Tode verurteilt.
Es ist gar nicht abwegig, den *Zauberberg* als ein Nachspiel zum *Tod in Venedig* anzusehen, als das er ursprünglich geplant war. Der tragische Held der Erzählung wird im Ro-

II. Autor und Werk

1916

man in einen scheinbar bedeutungslosen jungen Mann verwandelt, der endlich in einen offenen und fragwürdigen Schluß entlassen wird. Die Probleme, die vor dem Ersten Weltkrieg für Thomas Mann künstlerisch geklärt schienen, die er mit seinem Werk darzustellen wußte, brachen mit dem Jahr 1914 erneut auf und führten dem Dichter die intellektuelle und politische Krise seiner Zeit nicht nur vor Augen, sondern sie griffen nachdrücklich in sein eigenes Leben ein. Als ein Ergebnis dieser Krise erschien 1924 nach langer Pause als erstes repräsentatives Werk nach dem *Tod in Venedig* der Roman *Der Zauberberg*, der sie auf mannigfache Weise widerspiegelt.

Gedanken seines frühen literarischen Programms hat Thomas Mann später aufgenommen und variiert: am ausführlichsten zunächst in der kulturpolitischen Streitschrift *Betrachtungen eines Unpolitischen* (1918), die er während des

Ersten Weltkriegs als eine grundsätzliche Auseinandersetzung mit seinem Bruder Heinrich schrieb. Er stellt sich in dieser Schrift als Künstler und Ästhet dar, der er bis in die Kriegsjahre 1914–18 tatsächlich fast ausschließlich war: in einem Brief an Heinrich Mann hatte er 1904 geschrieben: »Für politische Freiheit habe ich gar kein Interesse«[7] – er brauchte ein solches Interesse in der Gesellschaft, wie er sie verstand und wie er sie 1933 als eine Welt der »resignierten, machtgeschützten Innerlichkeit« (IX,419) definierte, auch nicht zu haben. Erst der Kriegsausbruch, der ihn gänzlich unvorbereitet traf, leitete seine Verwandlung vom »Unpolitischen« zum Demokraten und Republikaner ein, die sich nach 1918 vollzog.

Zunächst nahm er indes an der Kriegsbegeisterung teil; im November 1914 veröffentlichte er *Gedanken im Kriege*, in denen er die »Kultur« gegen die »Zivilisation« stellte und den Krieg »als das Große, nicht mehr für möglich Gehaltene« (XIII,531) pries, da er die Welt vom »Ungeziefer des Geistes« (XIII,532) zu befreien versprach. In den *Betrachtungen* setzt er diese Polemik fort, die sich deutlich gegen seinen Bruder Heinrich, den »Zivilisationsliteraten« richtete. Er stellt in diesem an die sechshundert Seiten langen Essay aber nicht nur die deutsche »Kultur« gegen die »Zivilisation« des französischen Kriegsgegners, die deutsche politische Verfassung gegen die Demokratie, sondern unter der Hand geraten ihm seine *Betrachtungen* zur Selbsterforschung und Selbstrechtfertigung. In der »Vorrede« nennt er das Buch ein »Erzeugnis einer gewissen unbeschreiblichen Irritabilität gegen geistige Zeittendenzen, einer Reizbarkeit, Dünnhäutigkeit und Wahrnehmungsnervosität« (XII,10), und deutet am Ende des Krieges bereits seinen politischen Positionswechsel an, wie er auch die Wurzeln seines Künstlertums benennt.

Die politischen Konsequenzen zeigte er spätestens 1922, als

---

[7] 27.2.1904, *Thomas Mann – Heinrich Mann, Briefwechsel 1900–1949*, hrsg. von Hans Wysling, Frankfurt a. M. 1984, S. 48.

er in der Rede *Von deutscher Republik*, die er zu Gerhart Hauptmanns sechzigstem Geburtstag hielt, sein Bekenntnis gegen den Nationalismus, gegen den politischen Konservatismus, für eine Aussöhnung mit Frankreich und für die deutsche Demokratie ablegte, was ihm den Vorwurf der »Überläuferei« (XI,809) eintrug. Man wird heute dieses politische Glaubensbekenntnis nicht mehr kritisieren, sondern als eine hellsichtige Warnung verstehen.

Die unausgesetzte Bemühung, sich Rechenschaft über seine Position und über den Charakter seines Werkes abzulegen, hat noch eine andere Seite: mit dem Bekenntnis zur Demokratie, das ihm 1922 die Gegnerschaft des politischen Konservatismus zuzog, bewies er die »Dünnhäutigkeit«, die er sich in der Vorrede zu den *Betrachtungen* zugeschrieben hatte. Seine Sensibilität für die zukunftsträchtigen Tendenzen der Zeit, seine intellektuelle Neugier begründen den Rang seines Werkes. Er hat das schon früh, in *Buddenbrooks*, als den »Sinn für das Banale« (I,509) definiert: er ist die Bedingung sowohl für die Fähigkeit, das angemessene Wort zu finden, wie auch überlebte Denkmuster und Lebensformen zu analysieren und zu entlarven. Dazu ist die Ironie ein ihm angemessenes Instrument, weil sie die rücksichtslose und radikale Skepsis sprachlich ausdrückt. Skepsis heißt nichts anderes als Betrachtung, Überlegung, Untersuchung, Prüfung. Sie ist eine Form auch der Klugheit. Deren Gegenteil nennt Thomas Mann gelegentlich mit einem seltenen Fremdwort »insipide« – unweise (VI,499,601). Damit ist ein Mangel an Einsicht und Belehrbarkeit gemeint, dem Thomas Mann auch »Geistwilligkeit« oder »Klugheit« (X,896) entgegenstellt: eine Eigenschaft, die er 1928 im *Neujahrswunsch an die Menschheit* fordert. Hier haben die politische Erkenntnisfähigkeit wie die künstlerische Produktivität in ihrer besonderen, für Thomas Mann charakteristischen Form, ihre gemeinsame Wurzel. Bisweilen hat ihn diese künstlerische Begabung und Hellsicht zu Einsichten inspiriert, die man fast als Voraussagen verstehen kann. In der Novelle *Beim Propheten* (1904) beschreibt er die von der Wirklichkeit abgehobene Verstiegenheit eines Poeten, dessen Vorbild man in einem Mitglied des George-Kreises erkannt hat: »Hier gilt kein Vertrag [...], kein Maß und kein Wert« (VIII,362): damit ist der Titel der literarischen Emigrantenzeitschrift *Maß und Wert* formuliert, die Thomas Mann 1937–40 herausgab; die Formulierung nennt 30 Jahre vor dem Ausbruch der Naziherrschaft, was dem Begeisterungstaumel der Hitlergefolgschaft entgegenzuhalten sei.

Spätestens 1926 mußte er am eigenen Leib erfahren, in welch nachdrücklicher Weise die politischen Pobleme der Zeit das Leben bestimmten und bis in alltägliche Kleinigkeiten hineinwirkten. Er machte diese Erfahrung in Italien während eines Urlaubs, von dem *Mario und der Zauberer* (1930) erzählt, eine Novelle, die man als die erste ausgesprochen politische Dichtung Thomas Manns ansprechen kann. Sie zeigt unübersehbar deutlich die banale und alltägliche Bösartigkeit des Lebens in einem faschistisch regierten Land. Vorläufig war es nur ein Ferienaufenthalt, der ihm die distanzierte Beschreibung ermöglichte; sieben Jahre später rückte diese politische Wirklichkeit so nahe, daß sie ihn zur Emigration nötigte.

Im Zusammenhang der Selbsterforschung und der Bestimmung des eigenen Künstlertums ist auch die Beschäftigung mit Goethe zu sehen. Neben sechs großen Essays *Goethe und Tolstoi* (1921), *Goethe als Repräsentant des bürgerlichen Zeitalters* (1932), *Goethe's Laufbahn als Schriftsteller* (1932), *Über Goethe's ›Faust‹* (1939), *Phantasie über Goethe* (1948) sowie *Goethe und die Demokratie* (1949) ist vor allem der Roman *Lotte in Weimar*, der 1936–39 entstand, als das wichtigste Zeugnis der Beschäftigung mit Goethe zu nennen. Goethe erscheint hier als der Typus des klassischen Künstlers, dessen »naive« Natur (im Sinne von Schillers Typologie des naiven und sentimentalischen Künstlers) allerdings durch die Übertragung von Thomas Manns eigenem

Kunst- und Künstlerverständnis auf die geschichtliche Persönlichkeit gefärbt ist. Der Roman beginnt mit der Ankunft einer alten Dame im Gasthaus der Residenzstadt Weimar; sie ist niemand anders als Charlotte Kestner, geborene Buff, Werthers Lotte. In der Begegnung mit dem Kellner Mager, dessen Begeisterung eine Möglichkeit naiven Kunstverständnisses darstellt, beginnt die Erzählung; Magers literarisch gebildete Neugier wird ergänzt durch die Engländerin Miss Cuzzle, die mit Hilfe ihres Zeichenblocks namhafte Berühmtheiten sammelt. Diese Annäherungen an Lotte und Goethe werden erweitert durch intimere Einblicke, die ein längeres Gespräch mit Goethes Sekretär Riemer und eine ausführliche Erzählung Adele Schopenhauers – der Schwester Arthur Schopenhauers – dem Gast eröffnen. Der letzte Besucher ist Goethes Sohn August. In diesen Spiegelungen, die Goethes Werk und Person in das Leben seiner Umgebung werfen, wird sein eigener Auftritt vorbereitet: ihn bringt »Das siebente Kapitel«, das mit einem inneren Monolog Goethes beginnt. Hier spätestens wird deutlich, daß Lotte in ihrer geistigen Entwicklung auf dem Niveau ihrer Wetzlarer Jugendjahre verharrt ist. Goethe ist wesentlich vitaler als seine Umgebung, die ihn verehrt oder unter seiner Größe leidet, ohne ihn zu begreifen. Als Lotte ihren Wunsch erfüllt sieht und in Goethes Haus in Gesellschaft seiner Mitarbeiter eingeladen wird, vermeidet Goethe die Freundschaftlichkeit im Umgangston der längst vergangenen Jugendjahre. Er bewahrt statt dessen den distanzierenden Ton, der Lotte zuvor schon beschrieben wurde.

Thomas Mann dichtet eine Schlußszene zu den historisch überlieferten Umständen hinzu: nach einem Theaterbesuch begegnet Lotte in Goethes Wagen ihm selbst noch einmal unter vier Augen. Sie erfährt von ihm, was sein Künstlertum ausmacht: »Dies Leben ist nur Wandel der Gestalt, Einheit im Vielen, Dauer in dem Wandel. Und du und sie [seine früheren Geliebten], ihr alle seid nur Eine in meiner Liebe – und in meiner Schuld« (II,762). Damit weist er

abermals auf sein eigenes Lebensproblem als Künstler hin: es ist die Spannung zwischen den verschiedenen Anforderungen, die die Kunst und die menschliche Existenz stellen und die bei einem Künstlertum von der Höhe des Goetheschen unvereinbar sind, so daß weite Teile von Verpflichtungen gegenüber Familie, Freunden und Gesellschaft der Kunst geopfert werden. So wird Goethe in Thomas Manns Roman zum Träger von dessen Problemen; indem der Dichter des zwanzigsten Jahrhunderts sich in den Klassiker hineinversetzt, um die »Intimität, um nicht zu sagen: die unio mystica«[8] mit Goethe zu genießen, wird Goethe zugleich auch für ein Künstlertum in Anspruch genommen, das dem nationalsozialistischen Mißbrauch der deutschen Kultur entgegensteht: da der Mythos vom NS-Staat »mißbraucht« werde, so »daß einem übel wird«, habe er »bei der Beschreibung von Goethes Art, den Mythos zu behandeln«, seine eigene beschrieben.[9] Über die persönliche Nähe zu dem Dichterfürsten wird seine Darstellung zu einem Manifest, das nicht nur kunsttheoretische, sondern auch politische Bedeutung hat. Das wurde nach dem Zweiten Weltkrieg deutlich, als ein alliierter Ankläger in den Nürnberger Prozessen gegen die NS-Führer mit Zitaten aus *Lotte in Weimar* plädierte, weil er sie für Goethe-Worte hielt.
Der Goethe-Roman war von Thomas Mann in die Arbeit an seinem größten Romanwerk, dem vierteiligen Romanzyklus *Joseph und seine Brüder* eingeschoben worden, die sich von 1926 bis 1943 erstreckte. Die vier Bände – *Die Geschichten Jaakobs* (1933), *Der junge Joseph* (1934), *Joseph in Ägypten* (1936) und *Joseph, der Ernährer* (1943) – erzählen die zweite Hälfte des Ersten Buches Mose (Kap. 27–50) in der für Thomas Manns Realismus charakteristischen Ausführlichkeit; »nur das Gründliche« könne »wahrhaft unterhaltend« sein, hat er an anderer Stelle (III,10) einmal geschrieben.

8 An Ferdinand Lion, 15. 12. 1938, *DüD* II, S. 469.
9 An Kuno Fiedler, 21. 12. 1937, *DüD* II, S. 463.

II. Autor und Werk

Die Geschichte Jaakobs, des Vaters Josephs, eröffnet das Werk nach einem »Vorspiel: Höllenfahrt«. Jaakobs Betrug an seinem Bruder Esau, mit dem er ihn um den Segen des Vaters Isaak brachte; seine Flucht vor Esaus aufgebrachtem Sohn; seine Reise zu Laban, dessen Tochter Rahel er liebt und um die er sieben Jahre dienen muß; der Betrug Labans an ihm, der ihm die ältere Schwester Lea in der Hochzeitsnacht statt der geliebten Rahel zuführt; der abermalige Dienst von sieben Jahren; der Segen, den er über Labans Haus bringt, aber mehr noch über sich selbst; die Geburt Josephs; Jaakobs Flucht aus dem Hause Labans; die Geburt Benjamins und der Tod Rahels: das ist die Vorgeschichte der eigentlichen Josephs-Geschichte, die mit dem zweiten Band anhebt.

Seine Erziehung durch den ältesten Knecht Eliezer und den zärtlichen Vater lassen aus Joseph einen vielseitig gebildeten in sich selbst verliebten Jüngling werden. Seine Träume, in denen er sich über seine Brüder erhebt, bestärken ihn im Gefühl, der Erwählte zu sein, und der so motivierte Haß der Brüder entlädt sich eines Tages, da er nach Dotan reitet, um sie zu besuchen: sie zerreißen seinen bunten Rock – das Brautkleid der Mutter –, verprügeln ihn und werfen ihn in eine Zisterne, wo er den Tod gefunden hätte, wenn nicht eine Karawane reisender Händler vorbeigezogen wäre, an die ihn die Brüder verkaufen.

Der dritte Band verläßt die patriarchalische Welt, in der Joseph bisher lebte, und führt ihn in das hochzivilisierte Ägypten der 18. Dynastie zur Zeit zwischen 1400 und 1350 v. Chr. Hier beginnt Josephs Aufstieg im Hause Potiphars von einem Jungsklaven zur Position eines »Hausmeiers« im Anwesen eines der Großen des Königreichs. Joseph wird durch diese erste Karriere für künftige Aufgaben vorbereitet. Dieser dritte Band hat sein großes Finale in einer der faszinierendsten Liebesgeschichten, die Thomas Mann geschrieben hat: Potiphars Frau Mut-em-Enet verliebt sich in Joseph, und da er ihren Werbungen und endlich einem Verführungsversuch konsequent widersteht, bezichtigt sie *ihn* dieses Verführungsversuches. Potiphar verurteilt ihn zu einer Gefängnisstrafe.

Der vierte Teil-Roman beginnt dort im Gefängnis; und Joseph gelangt aus der zeitlich zunächst unbegrenzten Haft, indem er die Träume Mitgefangener deutet. Er qualifiziert sich dadurch als Traumdeuter, so daß er an den Hof des Pharao gerufen wird, um dessen Träume von den sieben fetten und mageren Kühen und den sieben fetten und mageren Ähren zu deuten.

Auch diese Traumdeutung gelingt ihm so überzeugend, daß der König ihn zum Ernährungs- und Landwirtschaftsminister mit unbeschränkten Vollmachten ernennt. Er ist damit auf den Höhepunkt seiner zweiten Karriere gelangt; seine Aufgabe ist in den sieben fetten Jahren die Vorsorge für die sieben mageren Jahre, in denen er den Hunger nicht nur in Ägypten stillt – wobei er staatsklug zugleich des Pharao Macht über den ägyptischen Feudaladel zu stärken weiß –, sondern auch den der angrenzenden Völker, die in Ägypten Getreide kaufen können. So begegnet er seinen elf Brüdern. In einem ironisch-intriganten Spiel, mit dem er sie zunächst über seine Identität täuscht, bereitet er den erzählerischen Höhepunkt des Romans vor: die Erkennungsszene im Abschnitt »Ich bin's« des Sechsten Hauptstücks. Jaakob wird von Joseph nach Ägypten geholt, und die Brüder mit ihren Familien siedeln dort; aus ihnen geht das Volk Israel hervor.

Auch dieses Romanwerk steht im Zeichen Goethes; Thomas Mann wurde durch eine Stelle in *Dichtung und Wahrheit*, wo Goethe von seinem Plan berichtet, »diese natürliche Geschichte« nachzuerzählen, zu dem Unternehmen angeregt. Zugleich aber erforscht er hier die »Urformen« des Menschenlebens, die der Mythos darstellt. Deshalb ist in dem Romanwerk nicht allein die biblische Tradition, sondern der Alte Orient und die ägyptische Kultur gegenwärtig.

II. Autor und Werk

Thomas und Heinrich Mann 1940

Bei der Stoffsammlung stützte Thomas Mann sich außerdem auf persische und jüdische Überlieferungen. Der Roman beginnt daher mit dem programmatischen Satz: »Tief ist der Brunnen der Vergangenheit.«

Dieses über das Individuelle hinausgehende Interesse am Mythischen und Menschlichen hatte noch eine andere Funktion. Die Entstehungszeit 1926–43 fällt mit der Vorbereitung der NS-Herrschaft in Deutschland, mit der Vorbereitung des Zweiten Weltkriegs und den politisch-militärischen Erfolgen Hitlers zusammen. Es ging Thomas Mann, der während der Arbeit an diesem Werk emigrieren mußte, darum, »den Mythos den faschistischen Dunkelmännern aus den Händen zu nehmen und ihn ins Humane ›umzufunktionieren‹«. Er sehe in dieser Verbindung »die Welt der Zukunft, ein Menschentum, das gesegnet ist oben vom Geiste herab und ›aus der Tiefe, die unten liegt‹«,[10] wie er 1941 schreibt. Deshalb ist die mythische Bindung der Personen des Romans durch ihre Verantwortung für die Zukunft ergänzt; dem humanen Interesse am Mythos entspricht die theologische »Gottessorge« um die Zukunft, denn der Wille Gottes ist nicht ein für allemal fixiert, sondern er entwickelt sich zu dem »Weltneuen«, »worauf es [...] hinauswolle mit uns« (IV,861). Liest man unter diesem Gesichtspunkt das Romanwerk, so erkennt man darin eine Absage an alle »geist- und intellektfeindlichen«[11] Tendenzen der Zeit.

Nachdem er das Werk vollendet und am 14. März 1943 die Arbeitsunterlagen zum *Joseph* verpackt hatte, begann Thomas Mann am 15. März, sich mit einem alten, noch aus Münchener Tagen von 1901 stammenden Plan zu beschäftigen: dem Roman *Doktor Faustus. Das Leben des deutschen Tonsetzers Adrian Leverkühn, erzählt von einem Freunde*.

Dieser Freund des Helden ist der Philologe und Gymnasiallehrer Dr. phil. Serenus Zeitblom, und er erzählt das Leben seines Freundes, mit dem zusammen er aufwächst, Schule und Universität besucht und dessen Leben er bis zu seinem Ende aus nächster Nähe begleitet. Man hat von einer »radikalen Autobiographie«[12] gesprochen: die beiden Figuren des Romanhelden und des Ich-Erzählers sind Aspekte ihres Dichters. Man kann sowohl in dem Bildungsphilister Zeitblom wie in dem genialen Komponisten Adrian Leverkühn Züge ihres Autors erkennen.

Das Leben des genialen Künstlers beginnt 1885 auf einem thüringischen Bauernhof; sein Vater, »ein Spekulierer und

---

10 An Karl Kerényi, 18. 2. 1941, *Thomas Mann – Karl Kerényi, Gespräch in Briefen*, hrsg. von Karl Kerényi, München 1967, S. 98. Vgl. 1. Mose 49,25.
11 An Karl Kerényi, 20. 2. 1934, *Thomas Mann – Karl Kerényi, Gespräch in Briefen* (Anm. 10), S. 42.
12 Eckhard Heftrich, *Vom Verfall zur Apokalypse. Über Thomas Mann*, Bd. 2, Frankfurt a. M. 1982, S. 173–280.

Sinnierer« (VI,28), treibt zweideutige naturwissenschaftliche Experimente, mit denen ein Thema angespielt wird, das den Roman bestimmt: die Zweideutigkeit wird als das Wesen der Musik dargestellt; Leverkühn widmet sich ihr nach einem kurzen Theologiestudium, weil ihn die mathematische Strenge und Kalkulierbarkeit dieser Kunst ebenso wie ihre »Stallwärme« (VI,66) anzieht. Damit wird das Musikstudium Leverkühns zur Fortsetzung des Theologiestudiums, das – wie Leverkühn es betreibt – eher ein Studium der Dämonologie ist. Dem Teufel verfällt diese Faustfigur des zwanzigsten Jahrhunderts, indem er sich mit der Syphilis infiziert. Die Enthemmung durch die Krankheit ersetzt ihm die geniale Naivität, die einem Künstler vom Typus Goethe angeboren war; denn seine Ausgangsposition ist durch die geschichtliche Entwicklung der Kunst von der des klassischen Künstlers grundsätzlich unterschieden; er formuliert sie mit der Frage: »Warum muß es mir vorkommen, als ob fast alle, nein alle Mittel und Konvenienzen der *Kunst heute nur noch zur Parodie* taugten?« (VI,180). So bedeutet der Teufelspakt die Enthemmung durch die Vergiftung und die Ermächtigung zur Produktivität. Er wird am Ende vom Teufel geholt, indem er das Schicksal Nietzsches – der in dem Roman nirgends genannt wird, »eben weil der euphorische Musiker an seine Stelle gesetzt ist« (XI,165) – erleidet: nach vierundzwanzig Jahren der vom Teufel verheißenen Produktivität verfällt er in geistige Umnachtung und stirbt 1940.

Der Roman spielt in drei Zeiten zugleich: einmal in der Lebenszeit Adrian Leverkühns 1885–1940, also während der Jahre der »machtgeschützten Innerlichkeit« vor dem Ersten Weltkrieg, während des Krieges, der Weimarer Republik und der Machtentfaltung des NS-Staates. Den Hintergrund dieser Jahre bilden die Jahre des Übergangs vom Mittelalter zur Neuzeit im sechzehnten Jahrhundert, die durch das Stichwort »Kaisersaschern« – den fiktiven Geburtsort Zeitbloms und den Aufenthaltsort Leverkühns während seiner

Schuljahre – bezeichnet werden. Es ist eine »gut altdeutsche Luft«, die der Teufel in seinem großen Gespräch mit Leverkühn in der Mitte des Romans beschreibt: »Kinderzüge und blutende Hostien, Hungersnot, Bundschuh, Krieg und die Pest zu Köllen, Meteore, Kometen und große Anzeichen [...]. Gute Zeit, verteufelt deutsche Zeit« (VI,309). Dieser Epoche entspricht im Roman die Zeit, während der Serenus Zeitblom seine Biographie zu Papier bringt: es sind die Jahre 1943–45, die letzten des Zweiten Weltkrieges, in denen mit der militärischen Katastrophe von Stalingrad (30. Januar 1943) die Agonie des NS-Reiches begann, die sich bis zum Mai 1945 hinzog. Diese drei Epochen spiegeln und interpretieren sich gegenseitig durch ihre Konfrontation im Roman. Thomas Mann hat hier seine Kunst des motivisch-musikalischen Arbeitens oder die Montagetechnik, von der er in der autobiographischen Schrift *Die Entstehung des Doktor Faustus. Roman eines Romans* (1949) spricht, auf einen neuen Höhepunkt geführt.
Zugleich deutet er damit seine eigene Epoche, indem er ein Erklärungsmodell für die Entstehung des Faschismus in Deutschland entwickelt. Man kann dies Modell so beschreiben: alte deutsche Traditionen, die im sechzehnten Jahrhundert in der Gestalt des Aberglaubens, z. B. des Hexenwahns, lebendig waren, leben wieder auf. Sie gewinnen an Einfluß, weil die Epoche der Vorbereitung der NS-Herrschaft sich einem intellektfeindlichen Irrationalismus hingab, der in den Diskussionen eines Debattierclubs im München der frühen zwanziger Jahre analysiert wird und im dem »insipiden« – d. h. unklugen und geistfeindlichen – Verhalten der Deutschen, die mit dem Nationalsozialismus sympathisierten, seine Konsequenzen zeigt. Die Preisgabe der kontrollierenden Vernunft liefert den, der sich ihrer entschlägt, einem hemmungslosen »Enthusiasmus« aus, und dessen Herr ist der Teufel, der die Kritik verwirft und zu »prangende[r] Unbedenklichkeit« (VI,316) verführt.
Im Hintergrund dieses Erklärungsmodells steht die *Dialek-*

1946

tik der Aufklärung von Theodor W. Adorno, mit dem sich Thomas Mann bei der Niederschrift des Romans beriet: die nicht mehr von der Vernunft kontrollierte Macht über die Natur, einhergehend mit der Entwicklung der Technik, verleitet den Menschen zum Rückfall in archaische Verhaltensweisen und in die Barbarei.

Zu den Werken des Komponisten Adrian Leverkühn gehört die Musik zu einer »Suite dramatischer Grotesken« (VI,407), von den *Gesta Romanorum* angeregter Puppenspiele, unter denen sich die Geschichte des Papstes Gregorius findet, die Hartmann von Aue zwischen 1187 und 1197 zu einer Verslegende formte und die Thomas Mann nach dem *Doktor Faustus* (1947) abermals dichtete (*Der Erwählte*, 1951). Wie bei den Josephsromanen ist auch hier sein »Dichten ein Amplifizieren, Realisieren und Genaumachen des mythisch Entfernten«, bei dem er sich »alle Mittel zunutze machte, die der Psychologie und Erzählkunst in sieben Jahrhunderten zugewachsen sind« (XI,690).

Gregorius, als Kind eines Geschwisterpaares geboren, wird, um die Schande seiner Eltern zu verheimlichen, in einem Faß ins Meer ausgesetzt, gelangt auf eine Insel, wo der Säugling vom Abt eines Klosters gefunden und aufgezogen wird. Als Siebzehnjähriger erfährt er die Bewandtnisse seiner Herkunft und zieht in die Welt, um seine Eltern zu finden. Er erreicht nach siebzehntägiger zielloser Fahrt im Nebel eine am Meer gelegene Stadt, die belagert wird, weil die Landesherrin den Werbungen eines fremden Fürsten widersteht. Er besiegt den Werber in einem Zweikampf und befreit das Land und seine Fürstin, die ihn heiratet. Aus der Ehe gehen zwei Kinder hervor, ehe Sibylla und Gregorius entdecken, daß sie in der Tat Mutter und Sohn sind. Sibylla entsagt dem Thron und errichtet ein Spital, in dem sie Kranke und Aussätzige pflegt, während Gregorius sich eine außerordentliche Buße auferlegt: auf einem Stein, in einem See gelegen, lebt er siebzehn Jahre. Da ist in Rom der Stuhl des Papstes verwaist, ein Schisma spaltet die Kirche, und zwei Römer haben gleichzeitig eine Vision, die ihnen verkündet, daß Gott einen Papst erwählt habe. Sie reisen zu dem ihnen bezeichneten Stein und führen Gregorius nach Rom, wo er als ein sehr großer und heiliger Papst wirkt. Seine Mutter unternimmt eine Wallfahrt zu ihm, da der Ruf seiner Mildherzigkeit zu ihr gedrungen ist, sie erkennen einander, und er vergibt ihr die Sünde des doppelten Inzests. »Das Maß der Sündhaftigkeit [...] ist strittig vor Gott, um so mehr, als dein Kind dort, wo die Seele keine Faxen macht, ebenfalls recht gut wußte, daß es seine Mutter war, die es liebte« (VII,255). Damit wird angedeutet, daß hinter aller Ironie, allem Scherz und allem Spiel mit unterschiedlichen Sprachen die an der Psychoanalyse Sigmund Freuds geschulte Einsicht in die Komplexität menschlichen Verhaltens, Empfindens und Handelns steht.

Thomas Mann bekennt sich in den *Bemerkungen zu dem Roman ›Der Erwählte‹* 1951 zu seinen Anfängen in der literarischen Décadence der 1890er Jahre und bestätigt so die Einheit seines Lebenswerkes: »›Der Erwählte‹ ist ein Spätwerk in jedem Sinne [...], das mit Alt-Ehrwürdigem, einer langen Überlieferung sein Spiel treibt. [...] Ein Werkchen wie dieses ist Spätkultur, die vor der Barbarei kommt, mit fast fremden Augen schon angesehen von der Zeit. Aber wenn es das Alte und Fromme, die Legende parodistisch belächelt, so ist dies Lächeln eher melancholisch als frivol, und der verspielte Stil-Roman, die Endform der Legende, bewahrt mit reinem Ernste ihren religiösen Kern, ihr Christentum, die Idee von Sünde und Gnade« (XI,690f.).

Thomas Manns letztes Werk, *Die Bekenntnisse des Hochstaplers Felix Krull*, ist Fragment geblieben. Gleichwohl kann man es als eine Summe seines Lebenswerkes sehen. 1910–13 begann er mit der Niederschrift; 1954 vollendete er »Der Memoiren erste[n] Teil«, in dem er noch einmal alle wichtigen Themen und Motive aufruft, vorführt und humoristisch parodiert. Das Buch ist eine ironische, bisweilen satirische Darstellung der Belle Époque, der Jahre vor dem

Ersten Weltkrieg, die im Rückblick der Zeit nach dem Zweiten Weltkrieg als die »gute alte Zeit« erscheinen mochte. Thomas Mann benutzt sie zugleich als Kulisse, vor der er seine eigenen Probleme spielen läßt. Sie gewinnen vor diesem Hintergrund eines fragwürdig gewordenen Lebens einen komischen Aspekt, so daß man den *Felix Krull* auch als Unterhaltungsroman lesen kann.

III. Interpretationen

Buddenbrooks. Thomas Manns erster Roman *Buddenbrooks. Verfall einer Familie*, der von 1897 bis 1900 entstand und 1901 erschien, erzählt in elf Teilen das Ende einer Familie von Kaufleuten und Patriziern in der Hansestadt Lübeck zwischen 1835 und 1875. Zu Beginn des Romans lebt noch der alte Johann Buddenbrook, dem die Familie ihren Reichtum verdankt; er hat ihn als Heereslieferant mit seinem Getreidehandel während der Napoleonischen Kriege verdient. Dem aufgeklärten alten Herrn, seinen Überzeugungen nach ein Kind des achtzehnten Jahrhunderts, folgt bald sein Sohn, der Konsul Jean Buddenbrook; er ist »träumerischer« (I,11) als sein Vater und von einer tiefen, pietistisch gefärbten Frömmigkeit erfüllt. Unter seiner Leitung bleibt der Reichtum der Firma erhalten, ohne sich indes zu vermehren. Sein Sohn Thomas führt die Familie auf den Gipfel des gesellschaftlichen Ansehens; er wird zum Senator gewählt. In der Person seines Bruders Christian setzt der deutliche Abstieg der Familie ein: unfähig zu einer geregelten Tätigkeit, statt dessen begabt für allerlei Possen, beliebt als Unterhalter bei Geselligkeiten, aber unfähig, etwas Ernstes zu unternehmen, endet er schließlich in einer Heilanstalt. Der Sohn des Senators endlich, Hanno Buddenbrook, ist zum Leben gänzlich untüchtig. Von seiner Geburt an kränkelnd, bei Spiel und Sport mit seinen Altersgenossen ebenso wie in der Schule ein Versager, ist er musikalisch begabt, ohne doch seine Begabung zu einem Beruf machen zu können. Er stirbt sechzehnjährig an Typhus, wenige Jahre nur nach dem Tode seines Vaters, des Senators.
Eine Abwandlung dieser Geschichte einer Dekadenz sind die Frauenschicksale des Romans, von denen vor allem zwei breiter ausgeführt werden: das Leben der Konsulin, der Frau Jean Buddenbrooks, und ihrer Tochter Antonie. Die Konsulin teilt zwar mit ihrem Mann die pietistisch gefärbte

Frömmigkeit, aber sie ist dabei eine vitale, dem guten Leben zugetane Persönlichkeit. Ihr Ende zeigt, wie sehr sie am Leben hängt; der Dichter läßt sie einen langen und zähen Kampf gegen ihre Todeskrankheit führen; im Gegensatz dazu erliegt ihr Mann Jean einem Schlaganfall, ihr Sohn Thomas einem plötzlichen Zahnleiden, ihr Enkel Hanno will eigentlich gar nicht mehr leben, als ihn seine Todeskrankheit ereilt. Ihre Tochter Tony, die am Ende des Romans als einziges Mitglied der Familie noch lebt, erleidet eine Reihe von Mißgeschicken, so daß sie selbst von einem verfehlten Leben spricht: statt ihrer einzigen Liebe zu folgen und den angehenden Arzt Morten Schwarzkopf zu heiraten, geht sie eine Ehe mit dem Bankrotteur Bendix Grünlich ein und später, nach der Trennung von diesem Betrüger und Heuchler, eine zweite mit dem bayerisch-gemütlichen Alois Permaneder, die ebenfalls mit einer Scheidung endet, weil die stolze hanseatische Patriziertochter sich nicht mit der süddeutschen behaglich-informellen Lebensweise des Stammgastes im Münchener Hofbräuhaus arrangieren mag. Auch die Ehe ihrer einzigen Tochter Erika Grünlich endet unglücklich: ihr Mann, der Versicherungsdirektor Hugo Weinschenk, wird wegen betrügerischer Manipulationen zu einer Gefängnisstrafe verurteilt, nach deren Verbüßung ihn der Dichter und der Leser – ebenso wie Grünlich – aus den Augen verlieren.

Diese Geschichte des Verfalls wird begleitet von der Geschichte einer fortschreitenden Sensibilisierung, die sich im Verhalten der Hauptfiguren zur Musik zeigt: am Anfang ist es »eine kleine, helle graziöse Melodie« (I,38), die Monsieur Johann Buddenbrook auf der Flöte spielt, am Ende ist es die verzaubernde und voll instrumentierte Musik Richard Wagners, die der kleine Hanno improvisiert. Seiner Mutter Gerda geb. Arnoldsen wird im Roman vor allem die Aufgabe zugewiesen, diese Musikalität einzuführen und zu vertreten: sie ist für die Handlung wichtig, insofern Hanno durch diese Musik, die »mehr ist als ein kleiner Nachtischspaß und Ohrenschmaus« (I,509), den ihm von der Familientradition vorgeschriebenen Aufgaben entfremdet wird. Sie ist für die Struktur des Romans wichtig, insofern die elf Teile des Romans den elf Akten von Wagners Gesamtkunstwerk *Der Ring des Nibelungen* entsprechen; Hans Rudolf Vaget hat auf die Parallele aufmerksam gemacht: *Das Rheingold*, der »Vorabend zu dem Bühnenfestspiel«, die je drei Akte der *Walküre* und des *Siegfried*, das Vorspiel und die drei Akte der *Götterdämmerung* bilden eine Großform, an die sich die Form des Romans anlehnt. Aber auch in der Feinstruktur hat die Kunst Wagners die Schreibweise Thomas Manns bestimmt: er arbeitet sozusagen motivisch und musikalisch, indem er Themen andeutet, sie breit ausführt oder nur auf sie anspielt.

So wird z. B. der Charakter Christian Buddenbrooks entwickelt: im zweiten Kapitel des Romans kommt er aus der Schule und ahmt einen Lehrer nach; ein Freund des Hauses nennt ihn einen »Tausendsassa«, der Großvater urteilt: »'n Aap is hei!« (I,17). Später berichtet er von seiner Untätigkeit in einem Kaufmannskontor zu Valparaiso und ahmt englische Varietésängerinnen nach; seine Gleichgültigkeit gegenüber jedem Anspruch der Wirklichkeit geht so weit, daß er den Prozeß gegen Hugo Weinschenk nur als Anlaß betrachtet, dessen Verteidiger zu parodieren. Er ist ein Künstler im Sinne der 1907 von Thomas Mann ironisch formulierten Definition: »ein innerlich kindischer, zur Ausschweifung geneigter und in jedem Betrachte anrüchiger Scharlatan« (XI,332); er verdient die ihm von seinem Bruder Thomas entgegengebrachte Verachtung, weil er seine zweifelhafte Existenz nicht mit einem Werk rechtfertigen kann.

In ähnlicher Weise wird das Thema »Verfall« ausgeführt: zu Beginn wird es im Schicksal der Familie Ratenkamp, deren Haus die Familie Buddenbrook erworben und soeben bezogen hat, zusammenfassend berichtet; dann beherrscht das Thema den ganzen Roman, so daß es am Ende in zahlrei-

chen Variationen an den Einzelschicksalen der Familie demonstriert und dem Leser ausführlich vor Augen geführt ist: man spricht von einem »dekadenten Syndrom«. Damit ist gemeint, daß die Dekadenz in zahlreichen Facetten gespiegelt und verdeutlicht wird. Thomas Mann tut das, indem er das Thema in Variationen auf die Figuren verteilt.
Der vielseitigen Unfähigkeit des Dilettanten Christian entspricht die Reizbarkeit und Nervosität, die Mattheit und Ermüdbarkeit seines Bruders, des Senators; der vergeistigten Musikalität Hannos die bürgerlich noch eben tolerierte Musikalität seiner Mutter, deren märchenhafte Fremdheit aber gleichzeitig der Ehe mit Thomas Buddenbrook das Glück entzieht.
Daneben besteht ein System von Kontrasten, das ebenfalls zur musikalischen Struktur des Romans gehört: die empfindsame Frömmigkeit des Konsuls Jean steht im Gegensatz zur Aufgeklärtheit seines Vaters; der Naivität Tonys stehen die Bedenklichkeiten und Skrupel ihres Bruders Thomas gegenüber, dessen angestrengte Selbstdisziplin wiederum vor dem Hintergrund der ganz anderen Lebensführung seines Bruders Christian zu sehen ist, und solche Gegensätze lassen sich bis in die Komposition einzelner Kapitel hinein beobachten: so beschreibt z. B. das achte Kapitel des siebenten Teils den Durchzug der preußischen Truppen durch Lübeck während des deutsch-dänischen Krieges von 1864; »Gewimmel, Verstörung und Spannung überall!« (I,436), denen alsbald die idyllischen Kinderspiele des kleinen Hanno entgegengestellt werden. Das Kapitel, nicht einmal zwei Seiten lang, endet dann gleichsam mit einem Paukenschlag: »Bei dem Fallissement einer Frankfurter Großfirma aber, im Juli, unmittelbar vor Eintritt des Waffenstillstandes, verlor das Haus ›Johann Buddenbrook‹ mit einem Schlage die runde Summe von zwanzigtausend Talern Kurant« (I,437). Andere Beispiele für diese Kompositionsweise sind etwa das fünfte Kapitel des achten Teils, in dem die Musik des Stadttheaterorchesters mit den »aberwitzigen

Pfiffen der Pikkoloflöte« (I,494) bei der Feier des Firmenjubiläums der Betroffenheit des Senators über den Verlust der Pöppenrader Ernte kontrastiert wird, und der Übergang zum folgenden sechsten Kapitel, das mit den Worten »O Bach! Sebastian Bach« (I,494) einsetzt, oder auch die Behandlung von Ovids Vision des Goldenen Zeitalters im preußisch organisierten Lateinunterricht des Gymnasiums.

Dieses Formprinzip läßt sich ebenso in der Großstruktur des Romans nachweisen. Bis in Einzelheiten der Handlungsführung entspricht dem Abstieg der Familie Buddenbrook der Aufstieg der Familie Hagenström: in der Generation von Christian und Thomas wird sie durch zwei lebenstüchtige und erfolgreiche Brüder, einen Juristen und einen Großkaufmann, repräsentiert, in der Generation Hannos von gesunden und sportlich trainierten Jungen; die Vermögensverhältnisse entwickeln sich entsprechend.

Von Morten Schwarzkopf hört man, daß er in Breslau eine gutgehende Arztpraxis aufgebaut habe und beruflich erfolgreich sei, während Tonys Ehemänner ohne Erfolg und Ehrgeiz sie unglücklich machen, so daß sie ihr Leben lang von den spärlichen Erinnerungen an ihre Liebe zehrt. Und ihr Bruder Thomas entsagt einer Liebschaft zu der »wunderbar hübschen« Blumenhändlerin Anna (I,168), die später den Blumenhändler Iwersen heiratet und zahlreiche gesunde Kinder zur Welt bringt, während Thomas von der Sorge um seinen einzigen, kaum lebensfähigen Sohn bedrückt wird.

Der Beginn des Romans entspricht seinem Ende, wie Eberhard Lämmert dargestellt hat: die Frage des Anfangs »Was ist das« (I,9) wird am Ende beantwortet durch die kursiv gedruckten Worte Sesemi Weichbrodts: »Es ist so!« (I,759).[1] Die wahre Form des Seins und der Geschichte ist die Wiederkehr der Ereignisse: sie wird sichtbar in der Existenz

---

1 Eberhard Lämmert, »Thomas Mann, *Buddenbrooks*«, in: *Der deutsche Roman. Vom Barock bis zur Gegenwart: Struktur und Geschichte*, hrsg. von Benno von Wiese, Bd. 2, Düsseldorf 1963, S. 190–233.

einer Reihe von Nebenpersonen oder Hintergrundfiguren, die von Anfang bis Ende der vierzigjährigen Romanhandlung anwesend sind; Sesemi Weichbrodt gehört ebenso zu ihnen wie Ida Jungmann und der Makler Sigismund Gosch oder der Barbier Wenzel.

Wenn von den strukturbildenden Einflüssen auf *Buddenbrooks* gesprochen wird, muß die von Richard Wagner auf die Höhe ihrer musikalischen Möglichkeiten geführte Leitmotivtechnik genannt werden. Thomas Mann benutzt sie in seinem ersten großen Roman zur Charakterisierung seiner Figuren und zur Akzentuierung der Handlung. Man versteht unter einem Leitmotiv in der Musik eine wiederkehrende Folge von Tönen, die einer bestimmten Person, einer Konstellation von Personen oder einer Situation zugeordnet ist. Durch ihre mehrfache Wiederholung kann sie ein Netz von Bezügen und Verweisen herstellen, das den Ablauf des Werkes gliedert. Wagner hat diese künstlerische Technik vervollkommnet, indem er z. B. ein Leitmotiv im Orchester mitklingen läßt, während die handelnde Person auf der Bühne etwas anderes singt: so wird die Aussage der dramatischen Person relativiert; der aufmerksame Zuhörer wird durch das Leitmotiv über die aktuelle Situation des Bühnengeschehens hinausgeführt.

Thomas Mann macht sich das für seinen Roman zunutze. So läßt er beispielsweise Christian an einer »Qual« im linken Bein leiden, die mehrfach erwähnt und deren Ursache endlich damit erklärt wird, daß an seiner linken Seite »alle Nerven zu kurz« seien (z. B. I,442). Die Begründung, auch beim Stand der medizinischen Wissenschaft im neunzehnten Jahrhundert natürlich völlig unhaltbar, wird durch Anführungszeichen in die Verantwortung der Person gelegt. Sie wird so vom sich distanzierenden Erzähler aus der erzählten Wirklichkeit in die hypochondrischen Einbildungen Christians verschoben. Oder es heißt vom Makler Sigismund Gosch, als seine Figur eingeführt wird: »Er bedauerte aufrichtig, nicht bucklig zu sein« (I,182). Später wird dies so

*Anfang von »Buddenbrooks«
in der Handschrift Thomas Manns 1897*

wiederholt: »Mit einer schönen und großen Armbewegung wies er die Annahme zurück, er könne zu den Glücklichen gehören« (I,594).
Durch diese sich wiederholenden Charakterisierungen wird die Identität der Personen im Wandel der Ereignisse bestätigt. Zugleich distanziert sich der Autor von ihnen. Die eingebildeten Leiden Christians, die auf einer psychischen Fehlentwicklung beruhen, werden ebenso wie die vorgespiegelten Leiden des Maklers, die ein Mittel der Selbststilisierung sind, als Charakterzüge deutlich, die der Autor analysiert, ohne doch Teilnahme oder Mitleid zu zeigen. Ebenso wie die Kontrastierung von Entwicklungen, Situationen und Charakteren erzeugt diese Art der differenzierenden Wiederholung die Ironie.
Bisweilen wird sie in einem einzigen Wort greifbar, oft in einem Adjektiv, beispielsweise wenn die »Qual« in Christians linkem Bein als »unbestimmte Qual« (I,312) des näheren charakterisiert wird. In seinen späteren Werken hat Thomas Mann diese Kunst weiterentwickelt und zur Vollendung gebracht. Aber bereits in *Buddenbrooks* bewirkt er durch diese ironische Distanzierung ein Vergnügen beim Leser, das den eigentlich ja traurigen Ereignissen der Romanhandlung die Waage hält; vielleicht ist dies einer der Gründe für den langdauernden Erfolg des Buches?
Buddenbrooks setzt die Tradition realistischen Erzählens fort; man kann behaupten, daß der junge Thomas Mann dort beginnt, wo der alte Fontane sein Werk abgeschlossen hat.
Der Beginn von *Buddenbrooks* macht das auf eine programmatische Weise deutlich. »»Was ist das. – Was – ist das ...« ›Je, de Düwel ook, c'est la question, ma très chère demoiselle!‹« (I,9). Der Dialog zwischen Tony und ihrem Großvater mischt drei verschiedene Sprachen miteinander: das Hoch- oder Schriftdeutsch des Lutherkatechismus, den niederdeutschen Dialekt der Hafenstadt Lübeck und das Französisch des im 18. Jahrhundert wurzelnden Grandseigneurs.

Solche Stilmischung ist charakteristisch für eine realistische Schreibweise. Sie charakterisiert die redende Person durch ihre Sprache. Thomas Mann hat, wie die neuerdings veröffentlichten Notizbücher zeigen, sprachliche Eigentümlichkeiten notiert, um sie für sein Werk, bisweilen in abgewandelter Form, zu verwenden. Er hat zum Beispiel die Redensart »Du bist ja woll nich zu helfen«[2] festgehalten, um sie dann in veränderter Formulierung zu übernehmen; der Weinhändler Köppen sagt: »Nee, alle schuldige Achung, Herr Senator, aber Sie sind ja woll nich zu helfen, Gott bewahre!« (I,42). Man kann aus dieser Abwandlung der volkstümlichen Redensart erkennen, in wie genauer Weise die Materialien, die aus Erfahrung und Anschauung geschöpft sind, für ihre Verwendung im Kunstwerk aufgearbeitet werden. Thomas Manns Realismus unterscheidet sich von gewissen naturalistischen Tendenzen in der deutschen Literatur der vorausgehenden Jahrzehnte, indem er den deutlichen Willen zur Komposition und zum Kunstwerk behauptet. Er hat selbst einmal gesagt, daß er als Kaufmannssohn einen Sinn für Qualität geerbt habe; und damit hängt seine gewissenhafte Arbeitsweise zusammen. Er begann mit der Arbeit, indem er zunächst Material sammelte: genealogische Skizzen, Kochrezepte, Aufstellungen über die Vermögensverhältnisse der eigenen Familie gehörten ebenso dazu wie Informationen über die Verfassung des Stadtstaates Lübeck und seine Geschichte.

Buddenbrooks wird oft als das beste Werk Thomas Manns bezeichnet; sicher ist es sein populärstes. Der Fall ist wohl einzig in der Literaturgeschichte, daß das Werk eines knapp Fünfundzwanzigjährigen einen Rang wie dieser Roman behauptet. Vergleichsweise ließe sich höchstens an Goethes *Werther* denken; aber der Jugendroman Goethes ist in seiner Anlage sehr viel unkomplizierter und einfacher als die vielschichtige Komposition von Thomas Manns Jugend-

---

2 Thomas Mann, *Notizbücher* 1–6, hrsg. von Hans Wysling und Yvonne Schmidlin, *Notizbuch* 2, Frankfurt a. M. 1991, S. 62.

werk. Der Kritiker Samuel Lublinski schrieb am 13. September 1902 im *Berliner Tageblatt*: »Und darum eben, weil sich in den Buddenbrooks ein erlebtes und tief empfundenes Weltgefühl mit einer bewußten Kunst innig verbunden hat, deshalb bleibt dieser Roman ein unzerstörbares Buch. Er wird wachsen mit der Zeit und noch von vielen Generationen gelesen werden: eines jener Kunstwerke, die wirklich über den Tag und das Zeitalter erhaben sind, die nicht im Sturm mit sich fortreißen, aber mit sanfter Überredung allmählig und unwiderstehlich überwältigen.«[3]

Daß diese Voraussage sich erfüllte, hat mehrere Gründe: zunächst kann man die interpretatorische Ergiebigkeit des Romans nennen. Man kann ihn als ein Sittenbild der Kaufmannschaft und des Patriziates einer norddeutschen Hansestadt im neunzehnten Jahrhundert lesen; quellenkundliche Studien haben bestätigt, daß die Details, die der Roman anführt, nicht nur innerhalb des Romans, sondern auch als historische Daten stimmig sind. Der Roman läßt sich aber ebenso als Dokument der Décadence um 1900 betrachten, also als ein Zeugnis des Bewußtseins, daß ein Zeitalter und eine Welt zu Ende gehen. Die Geschichte der Familie wird damit zu einer repräsentativen Geschichte, die nicht nur von verschiedenen Seiten gespiegelt, sondern auch philosophisch begründet wird: Thomas Mann las im Herbst 1899 Arthur Schopenhauers *Die Welt als Wille und Vorstellung*. Später beschrieb er in den *Betrachtungen eines Unpolitischen* dieses Lektüre-Erlebnis: »Einsam-unregelmäßige, welt- und todsüchtige Jugend – wie sie den Zaubertrank dieser Metaphysik schlürfte, deren tiefstes Wesen Erotik ist und in der ich die geistige Quelle der Tristan-Musik erkannte! So liest man nur einmal. Das kommt nicht wieder. Und welch ein Glück, daß ich ein Erlebnis wie dieses nicht in mich zu verschließen brauchte, daß eine schöne Möglich-

---

[3] Zitiert nach: Peter de Mendelssohn, *Der Zauberer. Das Leben des deutschen Schriftstellers Thomas Mann*, Erster Teil: 1875–1918, Frankfurt a. M. 1975, S. 469.

keit, davon zu zeugen, dafür zu danken, sofort sich darbot, dichterische Unterkunft unmittelbar dafür bereit war! Denn zwei Schritte von meinem Kanapee lag aufgeschlagen das [...] Manuskript [...], welches eben bis zu dem Punkte gediehen war, daß es galt, Thomas Buddenbrook zu Tode zu bringen« (XII,72).

Es ist der Kunst Thomas Manns eigentümlich, daß er gerade dort, wo er eigene Erlebnisse in seinem Werk berichtet, dies distanziert tut, indem er das Erzählte alsbald wieder zurücknimmt. Nachdem der Senator von Schopenhauer Aufschluß gewonnen hat »Über den Tod und sein Verhältnis zur Unzerstörbarkeit unseres Wesens an sich«, nachdem er also eines der wichtigsten Kapitel von Schopenhauers philosophischem Hauptwerk gelesen hat und »sein ganzes Wesen auf ungeheuerliche Art geweitet und von einer schweren, dunklen Trunkenheit erfüllt« (I,655) ist, erfährt der Leser wenige Seiten später: »Er gelangte niemals wieder dazu, einen Blick in das seltsame Buch zu werfen, das so viele Schätze barg« (I,659f.). Damit wird gesagt, daß auch diese von Thomas Mann als Wahrheit erfahrene Philosophie im Kunstwerk nur ein Moment unter anderen ist. Es ist dem Künstler verboten, seine Erlebnisse, die er außerhalb der Kunst hat, im Kunstwerk als seine persönlichen Wahrheitserkenntnisse darzustellen. Der Künstler ist kein Prediger oder Bekenner. In einer seiner frühesten kunsttheoretischen Kundgebungen spricht er von dem »Wesensunterschied«, »welcher die Welt der Realität von derjenigen der Kunst auf immer scheidet« (X,16). Später hat er in dem Vortrag *Leiden und Größe Richard Wagners* (1933) noch radikaler formuliert: »Neue ›Wahrheits‹-Erlebnisse bedeuten dem Künstler neue Spielreize und Ausdrucksmöglichkeiten, weiter nichts« (IX,395).

Dadurch wird dem Leser die Freiheit eingeräumt, selbst über die Personen und ihre Charaktere, ihre Weltanschauung, ihre Philosophie und Religion zu urteilen. Der Leser von Thomas Manns erstem Roman empfängt mit der Lektüre Angebote zur Identifikation und Distanzierung; das Spiel der Kunst eröffnet ihm die Möglichkeit, sich in seiner Phantasie daran zu beteiligen. Bekenntnisdichtung oder engagierte Literatur, die zur Parteinahme oder gar zu politischen, sozialen Aktivitäten aufriefe, liefe demgegenüber Gefahr, mit den von ihr behandelten Problemen zu veralten.

Tonio Kröger. Die Novelle *Tonio Kröger* entstand nach verschiedenen Anläufen im Sommer 1901 und im Laufe des Jahres 1902; sie erschien 1903 zunächst in der *Neuen Rundschau*, dann in Thomas Manns zweitem Novellenband *Tristan*. Sie ist sein am meisten gelesenes Werk und stand auch ihm am nächsten, wie er 1930 im *Lebensabriß* schreibt. 1948 nennt er sie seinen *Werther*;[4] schon 1923 sah er darin eine »autobiographische Fortsetzung« von *Buddenbrooks*.[5]
Bereits der Name der Titelfigur, die »persönliche Mischung aus Norden und Süden, aus deutschen und exotischen Elementen« ist ein Indiz für »Facettierungen und Brechungen, Komplizierungen im Seelischen, die zum Künstlerischen disponieren«,[6] und für die Nähe der Erzählung zu ihrem Dichter. Ihr deutlicher Bekenntnischarakter hat dazu geführt, daß man gelegentlich einen Verstoß gegen die erklärten Kunstprinzipien Thomas Manns in ihr gesehen hat. Denn nicht nur zahlreiche Erlebnisse – wie eine Reise nach Dänemark oder die Freundschaft zu seinem Mitschüler Armin Martens – sind in die Novelle eingegangen, sondern an manchen Stellen schlägt der distanziert-ironische Stil um, so daß man beinahe Sentimentalität oder doch zumindest ein direktes Bekenntnis heraushören kann. Das gilt vor allem für die Schlußsätze.
Es geht in *Tonio Kröger* um die innere Entwicklung eines Dichters; ursprünglich sollte die Novelle den Titel »Littera-

---

4 An Paul Amann, 26. 6. 1948, *DüD* I, S. 168.
5 An Félix Bertaux, 1. 3. 1923, *DüD* I, S. 157.
6 Tischrede im Wiener PEN-Club am 11. 6. 1925, *DüD* I, S. 157.

tur« tragen.[7] Tonio Kröger erfährt früh seine Isolierung von den anderen, »den Blonden und Blauäugigen«, »den Glücklichen, Liebenswürdigen und Gewöhnlichen« (VIII,338), zu denen ihn eine mit ein wenig Verachtung durchsetzte »Sehnsucht« hinzieht, von denen er sich aber durch seine eigene fremdartige Veranlagung getrennt sieht. Seine Isolierung ist zunächst durch nichts Greifbares gerechtfertigt; erst als Erwachsener, als er nicht nur durch seine Begabung und seine Empfindungen, sondern auch durch sein Werk als Künstler legitimiert ist, findet er die persönliche Lösung seines Problems.

Die Kunst, zumal der Künstler, ist ihm selbst zunächst etwas Verdächtiges; und beinahe wird er auf der Durchreise in seiner Vaterstadt als ein gesuchter Betrüger verhaftet. Sein »bürgerliches Gewissen« läßt ihn »in allem Künstlertum, aller Außerordentlichkeit und allem Genie etwas tief Zweideutiges, tief Anrüchiges, tief Zweifelhaftes« erblicken (VIII,337), aber sein Verlangen nach menschlicher Zuneigung und Nähe bleibt unerfüllt, weil er die »Wonnen der Gewöhnlichkeit« (VIII,337), die er insgeheim ersehnt, nicht zu teilen vermag. Denn die Kunst, zumal die Literatur, verwandelt die Menschen zu »Dämonen, Kobolden, tiefen Unholden und erkenntnisstummen Gespenstern« (VIII,303), wie er in dem ausführlichen Gespräch mit der Malerin Lisaweta Iwanowna im dritten Kapitel formuliert. Der Ausweg aus dieser Spannung ist die Empfindung der »Liebe«, die er während seiner kalten und analysierenden literarischen Tätigkeit pflegt und die in seine Dichtungen hineinströmt. »Ironie und Geist« (VIII,336) werden durch den »Humor« korrigiert und ergänzt, so daß aus einem »Literaten« ein »Dichter« wird (VIII,338).

Hans Rudolf Vaget hat die Novelle in den Zusammenhang

---

7 »Eine längst geplante Novelle mit dem unschönen aber spannenden Titel ›Litteratur‹. (Illae lacrimae!)« (an Heinrich Mann, 13. 2. 1901, *Thomas Mann – Heinrich Mann, Briefwechsel 1900–1949*, hrsg. von Hans Wysling, Frankfurt a. M. 1984, S. 20).

der europäischen Dekadenz-Literatur gestellt. Denn blickt man über die persönlichen Probleme Thomas Manns, die er hier diskutiert, hinaus, so wird deutlich, daß das Problem der Hauptfigur nicht allein sein Problem ist: in der Lage des Künstlers Tonio Kröger finden sich alle Literaten der Dekadenz. Oftmals Erben und im Besitz einer Rente, die ihnen ein Auskommen sichert, sind sie ohne bestimmte Aufgabe; sie nehmen nicht teil am bürgerlichen Erwerbsleben und gründen auch keine eigene Familie. Ihre Existenz gleicht der des Dilettanten, der seine Empfindungen kultiviert und zu diesem Zweck seine Sensibilität steigert. Thomas Mann neigte in seinen Anfängen unter dem Einfluß von Paul Bourget und Joris-Karl Huysmans zu dieser literarischen Stimmung der Dekadenz.
Der »Zustand des Abbröckelns und der Zersetzung« (VIII,289) führt bei Tonio Kröger zu der Einsicht, »daß er die Möglichkeiten zu tausend Daseinsformen in sich trage, zusammen mit dem heimlichen Bewußtsein, daß es im Grunde lauter Unmöglichkeiten seien...« (VIII,289).
Anders aber als der Dilettant, der nur genießt, ist Tonio Kröger – und das verdankt er wohl seinem Autor – mit »zäh ausharrende[m] und ehrsüchtige[m] Fleiß« (VIII,291) begabt; dies Erbteil seiner Vorfahren, das bürgerlich-protestantische Leistungsethos, bestimmt sein Künstlertum mindestens so stark wie seine geistige Herkunft aus der Dekadenz. Indem Thomas Mann diese Gabe seinem Tonio Kröger mitteilt, nimmt er in dessen Entwicklung vorweg, was ihm selbst damals noch weitgehend als Möglichkeit erschien, das Leben des erfolgreichen, geehrten und gefeierten Künstlers, dem von Anfang an sein Ehrgeiz galt: nicht nur aus persönlicher Eitelkeit, sondern weil er in der offiziellen Anerkennung die Kompensation sah für die offenbare Unfähigkeit zur bürgerlichen Existenz, die er, unter dem Eindruck der Hoffnungen und Erwartungen des Vaters, schmerzlich erfahren hatte.
Dies persönliche Problem im Hintergrund der Entwicklung

Tonio Krögers wird durch ein anderes ergänzt: Vaget macht auf die Konkurrenz mit dem Bruder Heinrich Mann aufmerksam, er sieht in der Novelle »eine Gegenposition zu Heinrichs ›Göttinnen‹«.[8] Sie wird am deutlichsten im Protest gegen den Begriff des ins Rauschhafte gesteigerten Lebens, wie er dort entfaltet wird: das Leben ist für Thomas Mann nicht »irgendeine trunkene Philosophie«, »sondern das Normale, Wohlanständige und Liebenswürdige ist das Reich unserer Sehnsucht, ist das Leben in seiner verführerischen Banalität« (VIII,302). Wenn man Thomas Mann als Humanisten bezeichnet, wenn man vor allem in seinen späteren Werken, zumal nach dem Ersten Weltkrieg, diesen Humanismus essayistisch und poetisch gestaltet erkennt, so kann man ihn hier in *Tonio Kröger* mindestens angedeutet sehen: das erste Werk des Dichters Tonio Kröger ist »voll Humor und Kenntnis des Leidens« (VIII,291). Verwandelt die »Kenntnis des Leidens« die Ironie in Humor, so kann dieser als das Heilmittel gegen das ›Leiden an der Erkenntnis‹ verstanden werden, das den Dekadenz-Literaten erfüllt. Neben dem bürgerlichen Leistungsethos und der menschlichen Sehnsucht nach dem Leben ist für Tonio Krögers Künstlertum der »Geschmack« (VIII,296) die bestimmende Grundlage; später hat sein Autor ihn mit dem »Takt« zusammen genannt (III,903). Es ist der Spürsinn für das Banale, das in der Kunst wie im Leben Unmögliche, von der Geschichte Überholte. Das sensible Empfinden dafür verschmäht die billigen Wirkungen, die eine andere Künstlerfigur der Novelle hervorbringt, der Ballettmeister Knaak, »ein unbegreiflicher Affe«, über den Tonio Kröger weiß: »Ja, man mußte dumm sein, um so schreiten zu können wie er.« Diese Dummheit ist eine unreflektierte Naivität, sie weiß nichts vom Leiden, sie erkennt nichts und denkt nicht nach. Alles, worauf es diesem Künstlertum ankommt, ist, sein Publikum zu unterhalten und »gänzlich zu verblüffen«

---

8 Hans Rudolf Vaget, *Thomas Mann – Kommentar zu sämtlichen Erzählungen*, München 1984, S. 115.

(VIII,284). So sehr auch der Dichter »mimt« (VIII,296), so wenig erschöpft sich doch in der unterhaltsamen Tätigkeit des Mimen sein Künstlertum: das bewußte Komponieren muß die natürliche Begabung und Veranlagung kontrollieren.

Unter diesem Gesichtspunkt wird die Anekdote verständlich, die der Dichter des *Tonio Kröger* in den *Betrachtungen eines Unpolitischen* berichtet: »Wo ist er jetzt, der Göttinger Student von damals, mit dem mager-nervösen Gesicht, der mir, als wir alle nach der Vorlesung in Mütze's Weinstube tranken, mit seiner hellen, bewegten Stimme sagte: ›Sie wissen hoffentlich, nicht wahr, Sie wissen es, – nicht die 'Buddenbrooks' sind Ihr Eigentliches, Ihr Eigentliches ist der 'Tonio Kröger'!‹? Ich sagte, ich wüßte es« (XII,90f.).

Tristan. Im selben Jahr wie *Tonio Kröger* erschien *Tristan*. Die früheste Äußerung Thomas Manns über dies Werk steht in einem Brief an den Bruder Heinrich vom 13. Februar 1901. Er spricht dort von einer »Burleske«, an der er arbeite, und fügt hinzu: »*Das* ist echt! Eine Burleske, die ›Tristan‹ heißt!«[9] Das Wort Burleske leitet sich vom italienischen burlesco (›spaßhaft, spöttisch‹) her; die Literaturwissenschaft versteht darunter »die skurrile Verwandlung des Erhabenen ins Niederalltägliche, die Reduktion des Geistig-Seelischen aufs Physiologische«;[10] die Burleske steht der Parodie nahe.

Thomas Mann versetzt die Handlung und Personenkonstellation von Wagners Oper *Tristan* in die Sphäre der Dekadenz und variiert zugleich das Thema des *Tonio Kröger*, indem er es parodiert. In einem Sanatorium lebt der Schrift-

---

9 *Thomas Mann – Heinrich Mann, Briefwechsel 1900–1949* (Anm. 7), S. 20.
10 Dieter Janik, »Burleske«, in: *Metzler Literatur Lexikon, Stichwörter zur Weltliteratur*, hrsg. von Günther und Irmgard Schweikle, Stuttgart 1984, S. 68.

steller Detlev Spinell, als der Kaufmann Klöterjahn seine lungenkranke Gattin Gabriele geb. Eckhof dorthin bringt. Während ihres Aufenthaltes nähert sich ihr der Schriftsteller. Der Höhepunkt ihrer Beziehung spielt sich im Medium der Musik ab: während die Sanatoriumsgäste eine Schlittenpartie unternehmen, bleibt Gabriele Klöterjahn mit Herrn Spinell im Sanatorium zurück; auf seinen Wunsch und entgegen ärztlicher Verordnung spielt sie aus dem Klavierauszug von Wagners *Tristan*. Zwei Tage später erleidet sie einen Blutsturz. Ihr Mann kommt, in Begleitung seines Sohnes, des »gesunden kleinen Anton« (VIII,249). Spinell schreibt dem Kaufmann einen Brief, in dem er ihm vorwirft, »die in erhabener Unbrauchbarkeit blühende Schönheit des Todes«, die sich in Gabriele Eckhof verkörpere, mit seiner »niedrigen Existenz« (VIII,254) verbunden zu haben. Klöterjahn beantwortet den Brief mit einem Besuch, während dessen er den Schriftsteller als »Hanswurst«, »Feigling«, »Jammermensch« (VIII,257) und »hinterlistige[n] Idiot« (VIII,258) beschimpft, wobei er durch die Nachricht unterbrochen wird, daß es mit seiner Frau zu Ende gehe. Spinell, der sich im Garten von dem Angriff Klöterjahns erholen will, erblickt dort dessen vitalen Sohn und ergreift vor seinem Anblick die Flucht.

Das Burleske dieser Erzählung ist nicht die Verspottung nur eines Gegenstandes oder eines Stils, sondern eine vielschichtige Ironie, die sich auf alle erzählten Gegenstände und Personen erstreckt. Das beginnt mit dem Eingangssatz: »Hier ist ›Einfried‹, das Sanatorium!«, mit dem auf Wagners Wohnsitz ›Wahnfried‹ in Bayreuth angespielt wird, dessen Empirestil aber, »weiß und geradlinig«, dem Charakter von Wagners komplexer, oft als pathetisch empfundener Kunst widerspricht. Das setzt sich fort in der Ironisierung des auf Gelderwerb orientierten Sanatoriumsbetriebs, wo der Tisch in erster Linie unter dem Gesichtspunkt der »Sparsamkeit« und erst in letzter unter dem der »äußeren Anmut« bestellt wird. Das geht weiter in der Charakterisierung der »rasenden Umsicht« (VIII,216), mit der das geschieht. Und nebenbei kommt es zu einer scharfblickenden Diagnose der gesellschaftlichen Rolle der Frau: Fräulein von Osterlohs Lebensziel ist die erhoffte Ehe mit dem Chefarzt, die einzige Möglichkeit, soziales Ansehen zu erlangen; das Leben der Pastorin Höhlenrauch ist durch den Zwang einer traditionellen Geschlechtsmoral ruiniert.

Zwischen diese beiden Extreme weiblicher Lebensmöglichkeiten ist die Figur der Gabriele Klöterjahn gestellt. Sie verkörpert einen Frauentypus, der in der Kunst der Epoche des öfteren begegnet: sie ist die Kindfrau – mit einem französischen Ausdruck die ›femme enfant‹ –, deren überzarte, kaum lebensfähige Gestalt auf den Bildern der Epoche eher an ein Schmuckstück und Ornament als einen wirklichen Menschen erinnert. Sie wird deshalb zum Objekt des Schönheitskultes, den der Schriftsteller Spinell betreibt. Seine Liebe zu ihr ist keine erotische Neigung, sondern ein ästhetisches Spiel, das mehr die Einbildung als die Wirklichkeit liebt. Der Name Spinell deutet das an, er ist die Bezeichnung eines Minerals, das als solches dem Bereich des Anorganischen, Unfruchtbaren angehört. Und Spinells Vorstellungen verklären die Wirklichkeit zu einem idealisierten Bild: er stilisiert sie ins Märchenhafte, indem er sich Gabriele im Kreise ihrer Freundinnen denkt mit einer Krone im Haar und singend, während die Mädchen in Wirklichkeit nur häkelten und dabei »von einem Rezept für Kartoffelpuffer« (VIII,234,259) sprachen.

Indem Spinell auf solche Art die von ihm verehrte Frau zu einem ästhetischen Bild macht, wird er selbst indirekt charakterisiert, und diese Charakteristik ist eine Ergänzung und ein karikierendes Spiegelbild Tonio Krögers. Spinell ist ein Jugendstildichter, man könnte ihn sich als Anhänger Stefan Georges denken: darauf weist die Ausstattung seines Buches hin, die an Werke des Buchkünstlers Melchior Lechter erinnert.[11] Und bezeichnend ist, daß er nur dies eine Buch geschrieben hat. So wie er in seiner Lebensführung an Richard Wagner erinnert – von dem ähnliche Sanatoriumsaufenthalte bekannt sind und den er mit der Benutzung von bestimmten Farben des Fenstervorhanges (VIII,250) kopiert –, so erinnert er in seiner künstlerischen Grundhaltung und in seinem Werk an die Wagner-Epigonen, die Symbolisten und literarischen Impressionisten, nicht nur an George, sondern auch an Peter Altenberg; mindestens zitiert er den Titel von dessen Hauptwerk ›Wie ich es sehe‹, wo eigentlich die Redensart »Wie ich sehe« angebracht wäre (VIII,235).

Ihm wird der Gatte Gabriele Klöterjahns entgegengestellt. Der Kommentar von Ulrich Dittmann verweist auf die Nähe des Namens zu der »niederdeutsche[n] Dialektbezeichnung ›Klot‹, Pl. ›Klöte[n]‹ für Hoden« (S. 9),[12] und seine Vorlieben wie sein Verhalten entsprechen dem, ganz in ironischem Gegensatz zu Spinells Namen und Verhalten; sein Umgang mit einem Stubenmädchen (VIII,222) erinnert an Alois Permaneders in *Buddenbrooks* beschriebenen »unerlaubte[n] und unsittliche[n] Ringkampf« mit der Köchin Babette (I,375). Er ist, anders als seine Frau, charakterisiert durch »sein blühendes Kind, sein ebenfalls blühendes Geschäft« (VIII,223).

In seiner Verbindung mit Gabriele Eckhof wird seine Vitalität ebenso wie ihre Morbidität in Frage gestellt. Der so häufig beschworene Gegensatz von »Geist« und »Leben«, der als Grundthema das Frühwerk Thomas Manns durchzieht und den Tonio Kröger in seinem Rechtfertigungsbrief am

---

11 »Dem Jugendstil liegt die Urangst vor der Wirklichkeit mit ihren Forderungen zugrunde. Die Wirklichkeit ist in der Jugendstilzeit das Fremde schlechthin, das Andere, das essentiell Feindliche; eine Auseinandersetzung und Kraftprobe mit ihr kann nur in eine vernichtende Niederlage münden.« Die Handlung der Novelle ist eine Illustration dieser Definition von Dominik Jost (D. J., *Literarischer Jugendstil*, Stuttgart 1969, Sammlung Metzler, 81, S. 8).
12 Ulrich Dittmann, *Erläuterungen und Dokumente, Thomas Mann, »Tristan«*, Stuttgart 1971 (Reclams UB, 8115), S. 9.

Ende der Novelle im Sinne des Autors intellektuell bewältigte, wird hier durch die übertriebene und karikierende Darstellung der beiden Pole ins Komische gezogen: Detlev Spinell wie Großkaufmann Klöterjahn sind Karikaturen des Jugendstilpoeten und des wilhelminischen Bürgers.

Thomas Mann stand kein musikalisches Kunstwerk näher als Richard Wagners Oper *Tristan*. Sein Werk ist nicht ohne Wagners Kunst denkbar. Man kann bei der Wirkung Wagners auf Thomas Mann keineswegs nur von einem »Einfluß« sprechen, so wie z. B. der Musiktheoretiker und Philosoph Theodor W. Adorno das Spätwerk *Doktor Faustus* beeinflußt hat, sondern man muß – mit Hans Rudolf Vaget – eine »grundlegende Orientierung«[13] Thomas Manns an Wagner sehen. Das gilt nicht nur für das Frühwerk; 1920 schreibt er: »Auf jeden Fall bleibt Wagner der Künstler, auf den ich mich am besten verstehe und in dessen Schatten ich lebe.«[14]

Es wirft ein bezeichnendes Licht auf Thomas Manns künstlerische Prinzipien, daß er 1903, noch nicht dreißigjährig, das ihm am nächsten stehende Werk dieses Künstlers zu parodieren vermochte. Das geschieht einmal durch die quasi religiöse Andacht, mit der die Musik beschrieben wird und mit der Spinell sie feiert, das geschieht aber auch durch die Travestie von Isoldes Liebestod durch den Tod Gabrieles, der dem Leser in der grotesken Reaktion Klöterjahns mitgeteilt wird. Die Distanzierung im Kunstwerk von dem, was er außerhalb der Kunst hochhält, ja was die Struktur des Kunstwerkes maßgeblich bestimmt, die Befreiung auch von den Obsessionen, die die Liebe zu einem Werk oder zu einer Künstlerpersönlichkeit bewirken kann, ist ein wesent-

---

13 Hans Rudolf Vaget, »Thomas Mann und Wagner. Zur Funktion des Leitmotivs in *Der Ring des Nibelungen* und *Buddenbrooks*«, in: *Literatur und Musik. Ein Handbuch zur Theorie und Praxis eines komparatistischen Grenzgebietes*, hrsg. von Steven Paul Scher, Berlin 1984, S. 326–347, hier: S. 329.
14 An Ernst Bertram, 4. 6. 1920, *Thomas Mann an Ernst Bertram. Briefe aus den Jahren 1910–1955*, hrsg. von Inge Jens, Pfullingen 1960, S. 92.

licher Grundsatz für den Künstler Thomas Mann, dessen Wirkungen sich bis ins Spätwerk verfolgen lassen.
Mit *Tristan* schafft Thomas Mann, wenige Jahre nach dem Roman *Buddenbrooks*, einen neuen Novellentypus, indem er Travestie, Parodie und Ironie zu einem neuen literarischen Stil verbindet. Mehr als vierzig Jahre später tat er das auf andere, aber doch vergleichbare Weise noch einmal in dem Roman *Der Erwählte*.

Schwere Stunde. Nach der Rückkehr von seiner Hochzeitsreise schrieb Thomas Mann im März und April 1905 für die Schiller-Nummer des *Simplicissimus* zum 100. Todestag des Dichters am 9. Mai die Studie *Schwere Stunde*. Hans Rudolf Vaget macht in seinem Kommentar auf einen Aphorismus Thomas Manns aufmerksam, der am 23. April 1905 in der *Zeit* (Wien) erschien und der das Thema dieser Erzählung widerspiegelt: »Die Hemmung ist des Willens bester Freund. Den *Helden* grüß' ich, der Friedrich Schiller heißt.«[15]
Die Frage nach dem Wesen des Künstlers, die ihn zeitlebens beschäftigte, deren selbsterfahrene Perspektiven er in *Tonio Kröger* und deren Parodie er in *Tristan* gestaltet hatte, wird hier in der Beschreibung eines Klassikers dargestellt, der für Thomas Mann über jeder Kritik stand. Schiller wird hier nur in einer Szene gezeigt, wie er zur Nachtzeit an seiner *Wallenstein*-Trilogie arbeitet; er ist leidend, krank und entmutigt angesichts eines Werkes, das seine Kräfte zu überfordern scheint. Anders als Wagner und Detlev Spinell lebt er dabei in »unsinnlich-enthaltsame[r] Dürftigkeit« (VIII,272), der angemessenen Umgebung für einen Künstler, der seine Werke der Arbeit und der Unzufriedenheit mit der eigenen Leistung verdankt, so daß er sich zur beständigen Anspannung der eigenen Kräfte getrieben fühlt.

---

15 Vaget (Anm. 8), S. 130.

Man muß sich vor Augen halten, daß Schiller in Deutschland bis zum Ende des Zweiten Weltkrieges vor allem als vaterländischer Dichter gesehen wurde, und was man als »heldisch« an ihm feierte, war eher nationalistisch und kriegerisch als das, was der Erzähler von *Schwere Stunde* am »Helden« Schiller erkennt: die Studie schildert seinen Freiheitsbegriff in der wichtigsten und höchsten Steigerung, die er in Schillers Verständnis erreichen kann: in der Entsagung, die auf das Glück verzichtet. Was sich von den *Räubern* bis zum *Wilhelm Tell* durch das poetische und theoretische Werk Schillers zieht, erkennt Thomas Mann hier: »Freiheit – was hieß das? Ein wenig Bürgerwürde doch nicht vor Fürstenthronen? Laßt ihr euch träumen, was alles ein Geist mit dem Worte zu meinen wagt? Freiheit wovon? Wovon zuletzt noch? Vielleicht sogar vom Glücke, vom Menschenglück, dieser seidenen Fessel, dieser weichen und holden Verpflichtung« (VIII,378). In dieser Beschreibung des »Helden« Schiller ist ein unausgesprochener Protest gegen das Pathos der Schillerehrungen von 1905 enthalten - vielleicht auch eine Mahnung des soeben verheirateten Autors an sich selbst?

Thomas Mann übt in dieser Studie ein Verfahren, das er später vervollkommnen sollte: wie Hans-Joachim Sandberg nachgewiesen hat,[16] studierte er für diese Erzählung die germanistische Schiller-Literatur, der er wörtliche und variierte Zitate aus Schiller-Texten entnahm, um sie dann in seine Dichtung zu ›montieren‹; diese Zitate sind so zahlreich, daß sie kaum im einzelnen wiedergegeben werden können. Neben der Montagetechnik wird hier die erlebte Rede benutzt, das erzählerische Mittel, Gedanken und Eindrücke literarischer Personen im Indikativ der dritten Person zu formulieren, so daß der Leser sich in sie hineinversetzt sieht.

Im Hintergrund von Schillers Bemühung um den *Wallenstein* steht Goethe. Indem Thomas Mann seine eigene, intel-

---

16 Hans-Joachim Sandberg, *Thomas Manns Schiller-Studien. Eine quellenkritische Untersuchung*, Oslo 1965.

lektuelle, auf Beobachtungen und Quellenstudien angewiesene Arbeitsweise in das Schaffen Schillers hineinprojiziert, das er der Arbeitsweise Goethes entgegensetzt, rechtfertigt er zugleich sein eigenes Künstlertum – auch insofern ist *Schwere Stunde*, wie *Tonio Kröger* und *Tristan*, ein Werk der künstlerischen Selbstbesinnung.

Zugleich ist der Text das letzte Dokument für Thomas Manns Nähe zum literarischen Jugendstil: der Schlußsatz, in dem das Bild der Meeresmuschel erscheint, erinnert an ein für die Literatur um 1900 typisches Motiv, das auch in der bildenden Kunst eine Rolle spielt. Ernst Haeckel hat in seinem Werk *Kunstformen der Natur* (1899–1904) illustriert, wie die Medusen, Pflanzen und Muscheln des Meeres als Vorbilder für die zeitgenössische Kunst gesehen werden können: ein Motiv, das Thomas Mann später im *Doktor Faustus* ironisch dem Vater seines Adrian Leverkühn anvertraute.

Deutlicher und nachdrücklicher als 1905 hat sich Thomas Mann fünfzig Jahre später bei seinem letzten öffentlichen Auftreten aus Anlaß des 150. Todestages zu Friedrich Schiller bekannt mit seinem *Versuch über Schiller. Zum 150. Todestag des Dichters – seinem Andenken in Liebe* gewidmet, den er gekürzt bei den Schiller-Feiern am 8. Mai im Württembergischen Staatstheater Stuttgart und am 14. Mai im Deutschen Nationaltheater in Weimar vortrug.

Man kann diesen Essay als ein Zeugnis für die Kontinuität von Thomas Manns Beziehung zu Schiller sehen: auch hier steht der *Wallenstein* im Mittelpunkt der Auseinandersetzung, diesem Schillerschen Werk ist der meiste Raum gewidmet. Eine der größten Schwierigkeiten bei der Komposition des Dramas, das Heer Wallensteins lebendig zu machen und in seiner Bedeutung für die Person des Feldherrn vor Augen zu führen, die in der Novelle im Mittelpunkt steht, wird auch hier als eines der schwierigsten Probleme des *Wallenstein*-Dichters dargestellt. Und Schillers Entsagung, die schon in *Schwere Stunde* das Thema war, bringt Thomas Mann hier auf die Formel: »Im schöpferischen Verzicht eben bestand sein Glück« (IX,885). Mit diesem Wort bekennt er indirekt sein eigenes Ethos. Spätestens seit die Tagebücher 1977 zu erscheinen begannen, weiß man z. B. von seiner homoerotischen Veranlagung, die er indes nie ausgelebt hat. Überhaupt verfährt er in seinem Schiller-Essay wie auch in seinen zahlreichen anderen literarischen Kritiken, Ansprachen und Abhandlungen: er sieht in dem gefeierten Dichter sein eigenes Künstlertum von bestimmten Seiten und Gesichtspunkten her gespiegelt und beleuchtet, und er begründet diese Sichtweise mit der »Erfahrungsverwandtschaft«, »Brüderlichkeit« und »zur Zutraulichkeit keck machende[n] Familiarität«, die zwischen allem »hervorbringendem Künstlertum« (IX,873) walte. Von dieser Basis aus kann er dann sein eigenes Künstlertum begründen, dessen Aufgabe die Darstellung des »innerlichst Menschliche[n]« (IX,905) jenseits aller historischen Überlieferungsgerechtigkeit sei und dessen Voraussetzung das »Ethos des Fertigmachens« (IX,914) ist, jener »Fleiß«, den Schiller selbst gepriesen hat und den Thomas Mann, mit Schiller verwandt in seiner Herkunft aus dem protestantischen Bürgertum, an dem Klassiker preist. Er nennt ihn den »fleißigsten der Dichter!« (IX,915).

Der Essay entstand zur Zeit des Kalten Krieges, der politischen Rivalität zwischen den USA und der Sowjetunion, und Thomas Mann nimmt gegen Ende die Gelegenheit wahr, seine politischen Überzeugungen unter Berufung auf Schiller zu artikulieren, mit dem er den Pessimismus hinsichtlich einer moralischen Fortschrittsfähigkeit der Menschheit teilt. Er spricht von »der Nacht der Unbildung und Erinnerungslosigkeit« (IX,876), die jetzt hereinbreche, und beklagt den Zustand der Menschheit: »Wut und Angst, abergläubischer Haß, panischer Schrecken und wilde Verfolgungssucht beherrschen eine Menschheit, welcher der

kosmische Raum gerade recht ist, strategische Basen darin anzulegen« und die, »von Verdummung trunken«, »unterm Ausschreien technischer und sportlicher Sensationsrekorde ihrem schon gar nicht mehr ungewollten Untergange« entgegentaumele (IX,950).
Man mag in diesen Worten, die wohl viele Befürchtungen der fünfziger Jahre aussprechen, »etwa Amtlich-Erzieherisches« (VIII,456) erkennen, das schon der Dichter des *Tod in Venedig* an seiner Künstlerfigur Gustav von Aschenbach sah. Man darf aber auch das Bewußtsein des Décadent darin sehen, das ihn in *Buddenbrooks* inspirierte, den kleinen Hanno »mechanisch und verträumt« einen Strich unter den Stammbaum der Familie ziehen zu lassen mit der Begründung: »Ich glaubte [...], es käme nichts mehr« (I,523). Dieser Pessimismus gehört zum Wesen Thomas Manns ebenso wie seine Ironie und ist nicht ohne sie zu denken; man kann ihn mit zahlreichen Äußerungen aus dem Werk, aus Briefen und Tagebüchern belegen.

Das Eisenbahnunglück. Die kleine Erzählung schrieb Thomas Mann für die *Neue Freie Presse*, die einen Beitrag für ihre Weihnachtsausgabe 1908 bestellt hatte, im November und Dezember 1908. Die Novelle erschien dort am 6. Januar 1909 und im selben Jahr in Thomas Manns drittem Novellenband *Der kleine Herr Friedemann und andere Novellen*. Erzählt wird eine autobiographische Episode, die sich während der Arbeit an *Königliche Hoheit* begab: Im Mai 1906 fuhr Thomas Mann zu einer Lesung nach Dresden und anschließend zu einem zweiwöchigen Urlaub in das Sanatorium »Weißer Hirsch«. Er erlebte auf dieser Reise das Eisenbahnunglück, von dem er erzählt.
Trotz der geringen Bedeutung, die der Dichter diesem kleinen Werk beimaß, ist es charakteristisch für seine Kunst; darauf hat der marxistische Literaturkritiker Georg Lukács in seiner Abhandlung *Auf der Suche nach dem Bürger* hin-

gewiesen. Er bezieht sich dabei auf die Figur des »Herrn«, eines Mitreisenden im Schlafwagen, der die Fahrt »in Gamaschen und gelbem Herbstpaletot« (VIII,417f.) antritt und sie nach dem Unglück »in seidenem Schlafanzug [...] und [...] mit irren Blicken« (VIII,412) beendet. Trat er zu Beginn der Reise arrogant und anmaßend auf, indem er den Schaffner mit einem »Herrenausdruck«, »herzstärkend anzuhören«, einen »Affenschwanz« (VIII,419) nannte, so bricht diese Haltung bei dem Zugunglück zusammen. Er gerät in Panik und betet laut, »um sich gänzlich zu demütigen« (VIII,421). Thomas Mann hat damit, der Literaturtheorie von Lukács zufolge, einen »Typus« geschaffen, der in Lukács' Essay *Balzac und der französische Realismus* so beschrieben wird: »Die zentrale Kategorie und das Kriterium der realistischen Literaturauffassung: der Typus in bezug auf Charakter und Situation ist eine eigentümliche, das Allgemeine und Individuelle organisch zusammenfassende Synthese. Der Typus wird nicht infolge seiner Durchschnittlichkeit zum Typus, aber auch nicht nur durch seinen – wie immer vertieften – individuellen Charakter, sondern dadurch, daß in ihm alle menschlich und gesellschaftlich wesentlichen, bestimmenden Momente eines geschichtlichen Abschnitts zusammenlaufen, sich kreuzen, daß die Typenschöpfung diese Momente in ihrer höchsten Entwicklungsstufe, in der extremsten Entfaltung der in ihr sich bergenden Möglichkeiten aufweist, in der extremsten Darstellung von Extremen, die zugleich Gipfel und Grenzen der Totalität des Menschen und der Periode konkretisiert.«[17]

Legt man diese 1951 niedergeschriebene Definition des literarischen Typus an den »Herrn« im *Eisenbahnunglück*, so zeigt sich Thomas Mann als Realist im Sinne der Realismustheorie von Georg Lukács, und dadurch wird diese für die Handlung der kleinen Erzählung sonst belanglose Figur wichtig. Ihre Entwicklung stellt dar, wie die Anmaßung,

17 Georg Lukács, »Balzac und der französische Realismus«, in: G. L., *Werke*, Bd. 6, Neuwied/Berlin 1965, S. 436.

Selbstüberschätzung und Disziplin der adligen Herrenkaste im Wilhelminischen Deutschland mit seinem Ende im Jahre 1918 zusammenbricht. Durch die beobachteten Verhaltensweisen und Umgangsformen, durch die Notierung von Ausdrucksform und Kleidung enthüllt sich der Typus. Das geschieht natürlich auch bei der Beschreibung der alten »Frau in der fadenscheinigen schwarzen Mantille« (VIII,417), die nach ihrer Bergung mit dem Ausruf »Gottlob!« in einem Abteil erster Klasse Platz findet.

Selbstverständlich wäre es weit übertrieben, wenn man in dem Eisenbahnunglück des Jahres 1906 und seiner literarischen Fixierung im Jahre 1908 eine Vorausschau auf die Revolution des Jahres 1918 sähe. Aber charakteristische menschliche Verhaltensweisen, die sich bei der kleinen wie bei der großen Katastrophe zeigen, werden wahrgenommen, so daß sich im nachhinein aus dem Text von 1908 geschichtliche Tendenzen ablesen lassen. Lukács stellt deshalb Thomas Mann in die Tradition des Realismus, indem er an Gestalten wie Thomas Buddenbrook oder Gustav von Aschenbach »eine vernichtende Kritik der Wertlosigkeit und Unwirklichkeit der ganzen ›Haltungs‹-Ethik« erkennt. Thomas Mann knüpfe damit an »das Lebenswerk des alten Fontane« an: »Auch dieser bewundert und besingt, resoluter als der reifende Thomas Mann, die preußische ›Haltung‹, die preußischen Kriegshelden, die preußische ›Überwindung‹ der Armseligkeit des bourgeoisen Lebens. Aber derselbe Fontane gibt – in ›Schach von Wuthenow‹, in ›Irrungen, Wirrungen‹, in ›Effi Briest‹ – dichterisch eine vernichtende Kritik dieses selben Typus, mit dem ihn viel stärker als bloß persönliche Sympathien verbinden, in welchem er freilich auch im Leben, von mannigfacher Skepsis umwittert, oft einen moralischen Ausweg aus der menschlich-unmenschlichen Problematik seiner Zeit, der bourgeoisen Epoche, erblickt hat. Fontane und Thomas Mann sind die ersten und einzigen deutschen Schriftsteller, die die innere Gebrechlichkeit der ›preußischen Haltung‹ aufgedeckt ha-

ben. (In diesem Zusammenhang sei auf die kurze Novellengroteske ›Das Eisenbahnunglück‹ hingewiesen.)«[18]
Man kann gegen diese Interpretation einwenden, daß sich der Begriff des Bourgeois bei Thomas Mann sehr viel differenzierter darstellt als bei Georg Lukács: Lukács orientiert ihn an Karl Marx; Thomas Mann schöpft ihn zunächst aus der Beobachtung und stellt in seinem ersten Roman den Buddenbrooks die Bourgeois-Familie der Hagenströms entgegen. Später, zur Zeit der *Betrachtungen eines Unpolitischen*, hat er sich auf das Werk von Werner Sombart *Der Bourgeois* (1913) gestützt. Man mag auch gegen die Interpretation von Lukács den Umstand ins Feld führen, daß es sich bei der Darstellung dieser Nebenpersonen des Herrn und der alten Frau nicht um eine künstlerische Absicht im Sinne einer Gesellschaftsanalyse mit erzählerischen Mitteln handle, sondern daß es Nebenfiguren seien, die nur zur Farbigkeit der Erzählung beitragen sollen.
Indes darf aber festgehalten werden, daß dem beobachtenden und scharf formulierenden Dichter Thomas Mann immer wieder, beabsichtigt oder nicht, genaue und tiefe Blicke in die gesellschaftliche Wirklichkeit gelingen. Er ist insofern ein Erbe und Fortsetzer des poetischen oder bürgerlichen Realismus, der seine Blütezeit im neunzehnten Jahrhundert hatte. Bestätigt wird das durch eine Textanalyse, die die Sprache der Personen betrachtet. Das realistische Prinzip der Stilmischung, d. h. der Charakterisierung von Personen und Situationen durch eine jeweils angemessene Sprache, die nicht auf eine bestimmte Stillage hin vereinheitlicht wird, sondern wörtlich dem charakteristischen Sprachduktus folgt, läßt sich auch hier beobachten.
Zugleich ist die Erzählung ganz und gar typisch für Thomas Mann: seine Ironie und Selbstironie – »Ich reise gern mit Komfort, besonders, wenn man es mir bezahlt« (VIII,416) – und sein Narzißmus – »Räumungsarbeiten mit meinem

18 Georg Lukács, »Thomas Mann. Auf der Suche nach dem Bürger«, in: G. L., *Werke*, Bd. 7, Neuwied/Berlin 1964, S. 516f.

Manuskript« (VIII,423) – zeigen sich hier wie in anderen Werken.
Das Eisenbahnunglück kann, vielleicht gerade wegen seines geringen Umfangs von kaum mehr als zehn Seiten, als eine Einführung in das Werk Thomas Manns gelesen werden; es gibt Hinweise auf seine Art zu schreiben und zeigt Verbindungslinien zu zentralen Motiven und Problemen seines Werkes.

Der Tod in Venedig. Die vielleicht gewichtigste Erzählung Thomas Manns, fast ein Roman, die in der zweiten Hälfte des Jahres 1911 entstand und 1912 erschien, kann als eine tragische Liebesgeschichte, als ein Wendepunkt innerhalb des Gesamtwerkes, eine der zahlreichen Auseinandersetzungen mit der Kunst und dem Künstler und als Vorspiel zum *Zauberberg* gelesen werden. Sie ist das erste Werk des Dichters, in dem sich deutliche Einflüsse Sigmund Freuds und der Psychoanalyse beobachten lassen.
Alle großen Liebesgeschichten der Weltliteratur seit der Antike sind Geschichten von verbotener, von gesellschaftlich tabuisierter oder tragisch unmöglicher Liebe, die Reihe der bekannten Beispiele beginnt mit Ovids *Pyramus und Thisbe*; sie reicht über die *Tristan*-Dichtungen des Mittelalters, Shakespeares *Romeo und Julia* bis zu Vladimir Nabokovs *Lolita*, womit sie sicherlich noch nicht abgeschlossen ist. Das gilt für das Werk Thomas Manns in gleicher Weise: auch seine Liebesgeschichten sind Geschichten von verbotener, unmöglicher oder scheiternder Liebe, sei es der Inzest in *Wälsungenblut* und im *Erwählten*, sei es die Knabenliebe zwischen Hanno Buddenbrook und Kai Graf Mölln und die Zuneigung Hans Castorps zu Pribislav Hippe, sei es die Liebe Mut-em-Enets zu Joseph oder die der alternden Rosalie von Tümmler zu Ken Keaton in der *Betrogenen*.
Im *Tod in Venedig* verliebt sich der Dichter Gustav von Aschenbach, wohl im sechsten Jahrzehnt seines Lebens, in den polnischen Knaben Tadzio, eine Gestalt von antiker

Schönheit, die der Erzähler mit dem ›Dornauszieher‹ vergleicht. Die Liebe wächst zur Leidenschaft; unter ihrer Herrschaft verliert der geehrte und gefeierte Künstler Selbstbeherrschung und Würde; entgegen besserem Wissen warnt er die Familie Tadzios nicht vor der Cholera-Epidemie, die in Venedig herrscht, und reist auch selbst nicht ab. Am Ende erliegt er der Seuche.
1925 hat Thomas Mann in seinem Aufsatz *Über die Ehe* die Homoerotik dem »Prinzip der Schönheit und Form« zugeordnet und ihr die »Sphäre des Lebens« entgegengesetzt; er beruft sich dabei auf August von Platens Gedicht *Tristan* mit den Versen: »Wer die Schönheit angeschaut mit Augen, / Ist dem Tode schon anheimgegeben.« Er folgert daraus: »Mit Fug und Recht ist die Homoerotik erotischer Ästhetizismus zu nennen« (X,197).
Diesem Ästhetizismus hat Gustav von Aschenbach als Künstler lange vor seiner Begegnung mit Tadzio gehuldigt; so verfaßt er seine Werke mit einem »Paar hoher Wachskerzen in silbernen Leuchtern zu Häupten des Manuskripts« (VIII,452), und seine Tätigkeit umfaßt »Geschäfte weltlicher und literarischer Natur« (VIII,457), eine Formulierung, die andeutungsweise die Kunst an die Stelle der Religion rückt. In dieser Darstellung des klassizistischen, berühmten und geadelten Künstlers erscheint ein anderes Bild des Dichters als in den früheren Werken: er ist nicht mehr der lebensuntüchtige Décadent, nicht mehr der Scharlatan und nicht mehr der nach Liebe und Zuneigung Suchende – obwohl er Züge aller dieser Typen trägt –, sondern vor allem der Repräsentant, der den »Aufstieg zur Würde« (VIII,454) hinter sich hat, der öffentlichen Ruhm genießt, indem er »gütig und bedeutend« (VIII,451) ist. Thomas Mann nimmt mit dieser Charakterisierung seine eigene Entwicklung vorweg; Hans Mayer hat ihn den »Repräsentanten«[19] genannt; und Gustav von Aschenbach erscheint fast wie der vielfache Eh-

19 Hans Mayer, *Der Repräsentant und der Märtyrer. Konstellationen der Literatur*, Frankfurt a. M. 1971.

rendoktor, Honorarprofessor und Nobelpreisträger Thomas Mann in den späteren Jahren seines Lebens.

Die Beschreibung Tadzios, die ihn mit dem Dornauszieher vergleicht, verweist indirekt auf Kleists Abhandlung *Über das Marionettentheater*, und dort wie im *Tod in Venedig* wird als Ziel der künstlerisch-intellektuellen Entwicklung das »Wunder der wiedergeborenen Unbefangenheit« (VIII,455) beschrieben, ein Gedanke, der auch in der Beschäftigung Thomas Manns mit Schiller aufscheint. Wenn Schiller es vermag, »dem [theatralischen] Effekt seine Unschuld zurückzugeben, ihm eine edle Naivität zu verleihen« (IX,894), dann ist dies eine Erscheinungsform dieses Wunders. Hier mag der Grund liegen für die Hochschätzung, die Thomas Mann zeitlebens Schillers großer Abhandlung *Über naive und sentimentalische Dichtung* gezollt hat. Schillers Sehnsucht nach der »Natur« ist auch Thomas Manns Sehnsucht. Selbstverständlich ist hier unter »Natur« nicht etwa die englische Parklandschaft zu verstehen, sondern »das Daseyn nach eignen Gesetzen, die innere Nothwendigkeit, die ewige Einheit mit sich selbst«. Die naive Kunst zeigt, »was wir waren«, und stellt dar, »was wir wieder werden sollen«.[20]

Nicht nur wegen dieser neuen Deutung des Künstlers darf man im *Tod in Venedig* einen Wendepunkt im Schaffen Thomas Manns sehen: die Erzählung ist auch die erste seiner Dichtungen mit deutlich sichtbaren mythologischen Motiven, die man von nun an bis ins Spätwerk verfolgen kann. Vor allem der Gott Hermes hat es dem Dichter angetan; Walter Jens hat 1957 darauf aufmerksam gemacht.[21] Hermes ist nach antiker mythologischer Überlieferung ein frühreifer Knabe, der Sohn der Maia und des Zeus, der

---

20 *Schillers Werke, Nationalausgabe*, Bd. 20: *Philosophische Schriften*. Erster Teil, Weimar 1962, S. 414.
21 Walter Jens, »Der Gott der Diebe und sein Dichter. Thomas Mann und die Welt der Antike«, in: W. J., *Statt einer Literaturgeschichte*, Pfullingen 1957, S. 87–107.

schon an seinem ersten Lebenstag die Leier erfand; er verwendete dazu die Schale einer Schildkröte als Klangkörper und Schafdärme für die Saiten. Am Abend stahl er dann dem Gott Apollon fünfzig Rinder. Obwohl er listig die Spur der Tiere zu verwischen versuchte, wurde er von Apollon entdeckt und vor Zeus gebracht, der sich über die Dreistigkeit seines Sohnes freute, ihm indes befahl, die Tiere zurückzugeben. Apollon vergaß seinen Ärger über den Diebstahl, als er Hermes auf seiner Leier musizieren hörte: er versprach ihm die Kühe und machte ihn zum göttlichen Bewahrer der Herden; als Zeichen dieses Amtes erhielt er einen Hirtenstab. Später bestimmte Zeus ihn zum Herold der olympischen Götter und zum Geleiter für sterbliche Reisende; das Abzeichen dieses Amtes war der caduceus (kerykeion) oder Heroldsstab. Zu seinen Aufgaben gehörte es, die Verstorbenen in den Hades zu geleiten. Er galt als Schutzherr der Diebe, Kaufleute und Schelme; in der bildenden Kunst wird er oft als hübscher junger Mann dargestellt mit geflügelten Sandalen und dem breitrandigen Hut eines Wanderers.[22]

Unschwer erkennt man Züge dieses Gottes in dem Wanderer vor dem Friedhofsportal, der Aschenbach zu seiner Reise inspiriert, in dem Gondolier, der ihn gegen seinen Willen zum Lido fährt, und auch in Tadzio, dem »lieblichen] Psychagog[en]« (VIII,525), zu deutsch: Seelenführer.

Die mythologischen Motive erschöpfen sich nicht in dieser Darstellung der Hermesfigur; das vierte Kapitel nennt im ersten Satz den Sonnengott Helios und rückt damit, wie Vaget in seinem Kommentar anmerkt, die »mythischen Vorstellungen«[23] in den Vordergrund, die u. a. durch die Erwähnung von Eos, der Göttin der Morgenröte, des von Apoll geliebten Hyakinthos und des Narziß erweitert wer-

---

22 Edward Tripp, *Reclams Lexikon der antiken Mythologie*, Stuttgart 1974, S. 242–246.
23 Vaget (Anm. 8), S. 173.

den. Das fünfte Kapitel führt dann einen neuen mythischen Komplex ein, der die Katastrophe vorbereitet: erschien Tadzio im vierten Kapitel noch als »göttlich« (VIII,492), so wird er hier zum »Abgott« (VIII,499) und zum »Werkzeug einer höhnischen Gottheit«, des Dionysos, dessen Wirklichkeit sich dann in dem Traum zeigt, der Aschenbachs Kultur, seine Disziplin und Würde endgültig vernichtet; es handelt sich dabei um »ein körperhaft-geistiges Erlebnis« (VIII,515), um eine dionysische Raserei voll »Verblendung«, »Wollust« und »Unzucht« (VIII,517).

Diesen mythologischen Anspielungen entspricht die mehrfache Erwähnung Platons und viele Zitate aus Platonischen Dialogen, sie sind die motivische Entsprechung des klassischen hohen Stils der Erzählung, der sich zunächst in der Wortwahl zeigt. Sie folgt der »Sprachweise« Aschenbachs, der sich »jedes gemeine Wort« (VIII,456) versagt. Der Wortwahl entspricht der Satzbau; man hat Thomas Mann oft seine langen Sätze angekreidet.[24] Aber eine genaue Betrachtung z. B. des Eingangssatzes des zweiten Kapitels zeigt, wie die Prosa hier nach klassischem Muster rhythmisiert wird.[25] Man kann eine solche Periode auch als Parodie auf den rhetorischen Stil Ciceros lesen. Und endlich kann man in den fünf Kapiteln der Novelle auch die fünf Akte einer klassischen Tragödie sehen.[26]

Hinter der Tragödie Aschenbachs steht Goethes späte Liebe zu Ulrike von Levetzow, deren poetische Frucht die »Ma-

---

24 Vgl. hierzu die Aufsätze von Walter Gading, »Der lange Satz bei Thomas Mann«, Paul Riesenfeld, »Schreibt Thomas Mann gutes Deutsch? Eine Stilprüfung«, sowie v. a. deren gebührende Zurechtweisung durch Albrecht Schöne, »Fragen der Stilkritik«, in: *Muttersprache. Zeitschrift zur Pflege und Erforschung der deutschen Sprache*, Jg. 1955, S. 27–212, 212–219 und 361–364.
25 Vgl. die immer noch lesenswerte Analyse von Oskar Seidlin: »Stiluntersuchung an einem Thomas-Mann-Satz«, in: *Monatshefte für Deutschen Unterricht, Deutsche Sprache und Literatur*, Bd. 39 (1947) S. 439–448.
26 Thomas Mann schreibt am 14. 10. 1912 an Hedwig Fischer: »Es ist eine richtige Tragödie« (*DüD* I, S. 397).

rienbader Elegie« war, nach dem Abschied in Karlsbad im September 1823 geschrieben. Der ursprüngliche Plan einer Novelle »Goethe in Marienbad« wurde dann aber zugunsten dieser Umwandlung der Liebe des alten Goethe zu Ulrike von Levetzow in die des Dichters Gustav von Aschenbach zu Tadzio fallengelassen; erst in *Lotte in Weimar* wagte Thomas Mann, Goethe in einer Dichtung als Person zu vergegenwärtigen.
Und wichtig für das Verständnis des *Tod in Venedig* sind »jene anderthalb Seiten erlesener Prosa« (VIII,493), die Aschenbach als Antwort auf eine Rundfrage schreibt und mit denen Thomas Mann auf seinen Essay *Über die Kunst Richard Wagners* anspielt, den er während des kurzen Venedig-Aufenthaltes vom 26. Mai bis 2. Juni 1911 auf Briefpapier des »Grand Hôtel des Bains, Lido-Venise« schrieb. Hier enthüllt er erstmals sein zwiespältiges Verhältnis zu dem »Bayreuther«. Es habe ihm »lange Zeit« geschienen, »daß alles künstlerische Sehnen und Wollen in diesen gewaltigen Namen münde« (X,840), er selbst habe in *Buddenbrooks* nach der Anleitung Wagners motivisch gearbeitet. So »unwiderstehlich« er ihm aber als Künstler erschienen sei, so »suspekt« »als Geist, als Charakter«: seine Liebe zu Wagner sei »eine Liebe ohne den Glauben« gewesen. Nun sei aber Wagners Kunst »neunzehntes Jahrhundert durch und durch«. Und obwohl sein Geist immer wieder »dem klugen und sinnigen, sehnsüchtigen und abgefeimten Zauber« erliege, so schwebe ihm als »Meisterwerk des zwanzigsten Jahrhunderts« »etwas vor, was sich von dem Wagner'schen sehr wesentlich und, wie ich glaube, vorteilhaft unterscheidet, – irgend etwas ausnehmend Logisches, Formvolles und Klares, etwas zugleich Strenges und Heiteres, von nicht geringerer Willensspannung als jenes, aber von kühlerer, vornehmerer und selbst gesunderer Geistigkeit, etwas, das seine Größe nicht im Barock-Kolossalischen und seine Schönheit nicht im Rausche sucht, – eine neue Klassizität, dünkt mich, muß kommen« (X,842).
Daß diese Klassizität im *Tod in Venedig* parodistische Züge

trägt, spricht nicht gegen sie: es gehört zu Thomas Manns Kunstprinzipien, das, woran er glaubt, mindestens im Kunstwerk distanziert und ironisch zu reflektieren. Und auch das tragische Scheitern des Künstlers, der diese neue Klassizität repräsentiert, verneint sie nicht: Peter Pütz hat darauf hingewiesen, daß mit dem Scheitern eines Helden nicht das Ideal, dem er verpflichtet ist, widerlegt wird; von der Tragik Aschenbachs werde »die Geltung und Würde des formalen Postulats nicht zerstört«.[27] Er belegt diese These mit dem Hinweis auf tragische Helden der klassischen Literatur; mit dem Scheitern des Marquis von Posa und des Grafen Egmont wird die Idee der Freiheit nicht in Frage gestellt.

Insofern ist die Erzählung ein ästhetisch-literarisches Programm, das Thomas Mann sich selbst entwirft. Er plant hier eine neue Kunst, streng und heiter, also formgebunden und ironisch-humoristisch, eine Kunst der wiedergewonnenen Unbefangenheit. Später hat er sich selbst als Humoristen gesehen; er sagte 1953: »Ironie, wie mir scheint, ist der Kunstgeist, der dem Leser oder Lauscher ein Lächeln, ein intellektuelles Lächeln [...] entlockt, während der Humor das herzaufquellende Lachen zeitigt, das ich als Wirkung der Kunst persönlich höher schätze und als Wirkung meiner eigenen Produktion mit mehr Freude begrüße als das erasmische Lächeln, das durch die Ironie erzeugt wird« (XI,802).

Unter diesem Gesichtspunkt läßt sich die Funktion der mythologischen Momente im *Tod in Venedig* erkennen: die Traditionen des Mythos werden nicht pathetisch zelebriert, wie Wagners Kunst den germanischen Mythos zum monumentalen Gesamtkunstwerk des neunzehnten Jahrhunderts stilisiert, sondern sie werden funktionalisiert und damit ironisiert. Sie gewinnen im Zusammenhang des Kunstwerks

---

27 Peter Pütz, »Der Ausbruch aus der Negativität. Das Ethos im *Tod in Venedig*«, in: *Thomas Mann Jahrbuch*, hrsg. von Eckhard Heftrich und Hans Wysling, Bd. 1 (1988) S. 1–11.

die Aufgabe, Aschenbachs Stimmungen und Empfindungen zu illustrieren. Indem aber diese Regungen des Künstlers in ihrer Bedingtheit gesehen werden, können deren Darstellungsmittel nicht als absolute Werte und Normen gelten. Als gleichsam musikalische Motive im Kunstwerk dienen sie dessen Gesetzen und Absichten.

Im Hintergrund des *Tod in Venedig* steht noch ein dritter Künstler neben Goethe und Wagner: Gustav Mahler, der dem Dichter Gustav von Aschenbach das Bild seiner Erscheinung verliehen hat.

Erika Mann berichtet, daß ihr Vater nach der ersten Begegnung mit Mahler zu Katja Mann gesagt habe, »es sei dies das erstemal in seinem Leben, daß er das Gefühl habe, einem wirklich großen Manne begegnet zu sein«.[28] Aschenbachs Vorname verdankt sich dem Komponisten; der Schlußsatz der Erzählung erinnert an die Resonanz auf Gustav Mahlers Tod am 18. Mai 1911, und auch der »böhmische Kapellmeister« (VIII,450) unter Aschenbachs Vorfahren läßt an den 1860 in Kalischt (Mähren) geborenen Mahler denken.

Mahler ist auch in späteren Werken Thomas Manns gegenwärtig, im *Zauberberg* und im *Doktor Faustus*. Die grundsätzliche künstlerische Bedeutung, die Mahlers Werk für ihn besaß, hat Thomas Mann 1924 in seiner Kritik an Oswald Spenglers *Der Untergang des Abendlandes* ausgesprochen: Mahlers *Lied von der Erde* verschmelze »altchinesische Lyrik mit der entwickeltsten Tonkunst des Abendlandes zu organischer menschlicher Einheit« (X,175). Damit ist ein künstlerisches Prinzip formuliert, das sich vom *Tod in Venedig* an bis in die letzten Werke Thomas Manns verfolgen läßt: die Tradition wird in den Dienst der Zukunft gestellt, Altes wird für Neues benutzt. Die Kunst verwendet zwar altüberlieferte Motive und Bilder, aber sie errichtet ihnen kein Denkmal, das ihre große Vergangenheit

28 Thomas Mann, *Briefe 1889–1936*, hrsg. von Erika Mann, Frankfurt a. M. 1961, S. X.

verherrlicht, sondern deutet sie zu zukunftsträchtigen und fruchtbaren neuen Aufgaben um. Berichtet der Mythos von Vergangenem, so ist es Aufgabe der Kunst, nicht in der Vergangenheit zu verharren, sondern sie für eine humane Zukunft fruchtbar zu machen. Die Herkunft des Menschen wird vom Künstler in den Dienst seiner Zukunft gestellt.[29]

Es ist deshalb nur konsequent, daß eine moderne wissenschaftliche Methode, die von Sigmund Freud entwickelte Psychoanalyse, Thomas Mann bei der Niederschrift des *Tod in Venedig* beeinflußt hat; Manfred Dierks hat 1990 auf eine Äußerung in einem Interview aufmerksam gemacht: »Ich hätte ohne Freud niemals daran gedacht, dieses erotische Motiv zu behandeln, oder hätte es wenigstens ganz anders gestaltet.«[30] Dies zeigt sich an dem Verdrängungsprozeß, der in Aschenbach abläuft, und an der Wiederkehr dessen, was er verdrängt hat – ein wesentlicher Gedanke der Freudschen Triebtheorie. Thomas Mann läßt seinen Helden »Traumarbeit« leisten, in der seine unbewußten Wünsche sich einerseits entstellt, andererseits aber auch verdichtet zeigen.

Der Zauberberg. *Der Zauberberg* erzählt die Geschichte eines jungen Mannes, Hans Castorp, eines Hamburger Patriziersohnes, der seinen an Tuberkulose leidenden Vetter Joachim Ziemßen im Sanatorium zu Davos für drei Wochen besuchen will. Man stellt bei ihm gleichfalls eine Lungenerkrankung fest, und so beginnt auch er eine Kur, die sieben

---

29 Der Philosoph Odo Marquard hat diesen Gedanken überzeugend formuliert: »Zukunft braucht Herkunft« (Odo Marquard, *Abschied vom Prinzipiellen*, Stuttgart 1981 [u. ö.], Reclams UB, 7724, S. 16).

30 Manfred Dierks hat auf die bisher später angesetzte Freud-Rezeption Thomas Manns bereits zur Zeit des *Tod in Venedig* aufmerksam gemacht: Manfred Dierks, »Der Wahn und die Träume in *Der Tod in Venedig*. Thomas Manns folgenreiche Freud-Lektüre im Jahr 1911«, in: *Psyche. Zeitschrift für Psychoanalyse und ihre Anwendungen* 44 (1990) H. 3, S. 240–268.

Jahre dauert: er wird durch die Atmosphäre des Sanatoriums, namentlich aber durch seine Liebe zu der Russin Clawdia Chauchat gleichsam verzaubert. Im Karneval seines ersten Jahres gelangt er an das Ziel seiner Hoffnung; Madame Chauchat aber reist am folgenden Tag ab. In Erwartung ihrer Rückkehr bleibt Hans Castorp im Sanatorium; doch als sie endlich wieder erscheint, ist sie in Begleitung eines anderen Verehrers, des Holländers Mynheer Peeperkorn, einer Figur, die mehrere mythologische Traditionen in sich vereint. Peeperkorn nimmt sich das Leben, Clawdia Chauchat reist abermals ab, und Hans Castorp wird erst durch den Ausbruch des Ersten Weltkrieges im Sommer 1914 aus seiner Verzauberung gerissen.

Am 24. Juli 1913 schreibt Thomas Mann an Ernst Bertram, er bereite »eine Novelle vor, die eine Art von humoristischem Gegenstück zum ›Tod in Venedig‹« zu werden scheine.[31] Das Werk sollte im Stil »ganz anders, bequem und humoristisch«[32] werden. Was aus diesem ursprünglichen Plan entstand, war die »etwas ausgedehnte short story« (XI,606 f.), die in zwei Bänden im November 1924 erschien. Die Entstehungszeit des Werkes umfaßte den Ersten Weltkrieg, die Revolution des Jahres 1918, die Münchener Räterepublik, die Inflation und die kurzfristige Stabilisierung der Weimarer Republik. Thomas Manns Reaktion auf diese Ereignisse, vor allem die Arbeit an den *Betrachtungen eines Unpolitischen*, ließ ihn den *Zauberberg* zunächst zurückstellen, beeinflußte dann aber den Roman. Es entstand ein Werk gleichsam in mehreren übereinandergelagerten Schichten.

Die Beziehungen zum *Tod in Venedig* sind unübersehbar: Hans Castorp unternimmt, wie Aschenbach, eine Ferienreise, auf der er der Liebe und dem Tod begegnet; auch hier ist Hermes so gegenwärtig wie in der Venedig-Novelle, und der Traum, der am Ende die Kultur von Aschenbachs Leben

---

31 *Thomas Mann an Ernst Bertram* (Anm. 14), S. 18.
32 An Hans von Hülsen, 9. 9. 1913, *DüD* I, S. 451.

vernichtet, findet seine Entsprechung in Hans Castorps »Schnee«-Traum im siebten Abschnitt des sechsten Kapitels. Dennoch ist *Der Zauberberg* keine Wiederholung des *Tod in Venedig* und wächst weit über eine Parodie der Novelle von 1912 hinaus, indem er »Erlebnisse« darstellt, »die der Autor mit seiner Nation gemeinsam hatte« (XI,610).
Hans Wysling hat diese innere Entwicklung des Romans in bisher nie gesehener Klarheit und Differenzierung dargestellt. Er nennt fünf Gesichtspunkte, unter denen der Roman zu sehen ist: Erstens wollte Thomas Mann »von der romantischen ›Sympathie mit dem Tode‹ wegkommen« und von »dem damit gegebenen Schopenhauerschen Pessimismus und Nihilismus.« In einem Brief an Bertram brachte er das 1918 auf die Formel: »Todesromantik plus Lebensja im Zauberberg«.[33] Zweitens wollte er »nicht ein fortschrittsgläubiger Liberaler werden, wie sein Bruder Heinrich es war. Er blieb Entente-feindlich und stellte sich damit gegen einen Demokratiebegriff, wie Montesquieu und Rousseau ihn entwickelt haben.« Drittens wollte Thomas Mann »von den Deutschnationalen nicht eingespannt werden«, denn er hatte klar erkannt, daß die deutsche Monarchie als Regierungsform unwiderruflich zu Ende war. Viertens: »Was ihn im Frühjahr 1919« bei der Wiederaufnahme der Arbeit am Roman »vor allem faszinierte, war ›die Erneuerung des christlichen Gottesstaates ins Humanistische gewandt, auf einen irgendwie transcendent erfüllten menschlichen Gottesstaat also‹«; ähnliche Ideen vertritt im Roman der Jesuit Naphta, und Thomas Mann notierte sich am 20. April 1919: »Das asketisch-transcendente Grund-Ideal nimmt im Wirtschaftlichen völlig sozialistisch-kommunistischen Charakter an.« Fünftens: Dennoch war er von der russischen Revolution und ihren Gewalttätigkeiten ebenso wie von der Räterepublik und den Spartakistenaufständen abgestoßen.[34]

---

33 Vgl. Anm. 31, S. 76.
34 Hans Wysling, »*Der Zauberberg*«, in: *Thomas-Mann-Handbuch*, hrsg. von Helmut Koopmann, Stuttgart 1990, S. 397–422.

Diese Unentschiedenheit zwischen den Möglichkeiten der ersten Jahre nach dem Ersten Weltkrieg hat nicht nur den ideellen Gehalt, sondern auch die Struktur des Romans geprägt.

Zunächst ist Hans Castorp für keine der Optionen zu gewinnen; seine Haltung bleibt bis zum Schluß unentschieden. Der Mentor Settembrini, eine Karikatur des »Zivilisationsliteraten« aus den *Betrachtungen eines Unpolitischen*, ist unglaubwürdig; zwar lehrt er den bürgerlichen Fortschritt und vertritt die Ideale des aufgeklärten Bürgertums in der Tradition des achtzehnten Jahrhunderts, aber er ist für seine Person nicht in diese Überlieferung integriert: aufgrund seiner Krankheit von der bürgerlichen Erwerbstätigkeit isoliert, ist er nicht einmal imstande, »zum Fortschrittskongreß nach Barcelona zu fahren« (III,630); und seine Armut steht im Gegensatz zur bourgeoisen Tradition des besitzenden Bürgertums. Er plädiert für Leben und Fortschritt, aber er wird unter der Überschrift »Satana« eingeführt mit deutlichen Kennzeichen des Gottes Hermes, der die Seelen der Abgeschiedenen in die Unterwelt geleitet.

Seine Gegenspielerin im ersten Teil ist Clawdia Chauchat, die gegenüber der von Settembrini vertretenen Vernunft in ihrer Person die Liebe verkörpert. Indes bleibt die Vereinigung mit ihr eine Episode in Hans Castorps Sanatoriumsaufenthalt, denn nach der »Walpurgisnacht« reist sie ab. Sie kehrt zwar später zurück, aber an der Seite Mynheer Peeperkorns, so daß sich eine Wiederholung des Abenteuers mit ihr verbietet.

Sieht man in den beiden Gegenspielern Vertreter des Westens und des Ostens, wie es das von Goethe inspirierte Bild von der »einsamen Kahnfahrt im Abendzwielicht« nahelegt, so wird deutlich, daß auch sie keine endgültige Gewalt über Hans Castorp gewinnt: Tag und Nacht stehen nebeneinander. Dabei ist die Nacht »eine höchst zauberhafte, von feuchten Nebeln durchsponnene Mondnacht« (III,218), die den Osten, woher sie aufzieht, mit der Todessympathie der

Romantik in Beziehung setzt. Noch einmal an hervorgehobener Stelle erscheint die Romantik als ein das Leben und sein Verhältnis zum Tode prägendes Prinzip: am Ende, als Hans Castorp mit dem Lied »Am Brunnen vor dem Tore« mit anderen Kriegsfreiwilligen in der Langemarckschlacht an einem Sturmangriff teilnimmt. Er hat das Lied zuvor im Abschnitt »Fülle des Wohllauts« kennengelernt: »Es war so wert, dafür zu sterben, das Zauberlied! Aber wer dafür starb, der starb schon eigentlich nicht mehr dafür und war ein Held nur, weil er im Grunde schon für das Neue starb, das neue Wort der Liebe und der Zukunft im Herzen – –« (III,907). Dies »neue Wort« wird im Roman nicht artikuliert. Wysling macht auf eine Stelle im *Vorspruch zu einer musikalischen Nietzsche-Feier* am 15. Oktober 1924 aufmerksam, die wörtlich an das Kapitel »Fülle des Wohllauts« anklingt und wo von dem »prophetischen Wort der Lebensfreundschaft und Zukunft« gesagt wird, daß »auch wir [es] kaum zu stammeln wissen« (X,183).

Erleidet der Vertreter der Vernunft in der »Walpurgisnacht« eine Niederlage, indem er Hans Castorp an Clawdia Chauchat verliert, so daß er sich aus dem Sanatorium in das Dorf zurückzieht, so räumt auch sie das Feld; an ihre Stelle tritt im zweiten Teil der intellektuelle Gegenspieler Naphta, eine außerordentlich vielfältige und widersprüchliche Figur. Als Jesuit, Ostjude und Kommunist vertritt er drei Extrempositionen, die zudem noch miteinander im Widerstreit liegen. Als Gegenspieler Settembrinis ist er nicht der Aufklärung, sondern dem gotischen Mittelalter verpflichtet; die Pietà in seinem Salon widerspricht nicht nur der luxuriösen Lebensführung des Bewohners, sondern »häßlich vor Schönheit und schön vor Häßlichkeit« (III,545), ist sie ein Bild »von übler Erlösung« (III,536). Naphtas Herkunft aus dem Hause eines rituellen Schächters fügt seiner mittelalterlich-mystischen Religiosität einen Blutgeruch hinzu, der mit seinen später vertretenen Anschauungen zusammenstimmt: er plädiert für Folter und die Todes-, auch für die Prügelstrafe. Die zeitgemäße Fortsetzung seiner mittelalterlichen Überzeugungen sieht er in der »Diktatur des Proletariats«, der »Heilsforderung der Zeit«, denn »das Proletariat hat das Werk Gregors aufgenommen, sein Gotteseifer ist in ihm« (III,559).

Die Widersprüchlichkeiten in Naphtas Ausführungen sind bezeichnend für Thomas Manns eigene Position: in den extremen Standpunkten sieht er keine Lösung. Denn jeder von ihnen schneidet die für ihn wichtigste Möglichkeit ab: die schöpferische Freiheit des Intellektuellen und des Künstlers wird von einseitiger Radikalität blockiert; und daher gleichen sie sich alle, mögen sie ihrem Selbstverständnis nach auch noch so verschieden voneinander sein und miteinander konkurrieren. Naphtas Ende macht die reale Unmöglichkeit seiner Position deutlich: im Duell mit Settembrini erschießt er sich (III,980). Die Extreme vernichten sich in ihrer Radikalität selbst.

Eine Person, die erst im letzten Kapitel eingeführt wird, erläutert dies von einer anderen Seite her: Mynheer Pieter Peeperkorn, der zusammen mit Clawdia Chauchat in das Sanatorium kommt. Die Figur ist von Gerhart Hauptmann inspiriert, an den Thomas Mann am 11. April 1925 schrieb: »Ich trachtete nach einer Figur, die notwendig und kompositionell längst vorgesehen war, die ich aber nicht sah, nicht hörte, nicht besaß.«[35] Beim Wein in Bozen, als er im Herbst 1923 Gerhart Hauptmann begegnete, fand er die Figur.

Unter zwei Gesichtspunkten ist sie wichtig. Hauptmann, der sich als Nachfolger und Statthalter Goethes stilisierte und noch 1945 von Joseph Goebbels als »der erste Dichter des Reiches« bezeichnet wurde,[36] stand natürlich Thomas Manns Anspruch auf den ersten Platz in der deutschen Literatur der Weimarer Republik entgegen. Dieses persönliche Motiv darf aber nicht vergessen lassen, daß sich in Gerhart Hauptmann und Thomas Mann zwei verschiedene Typen

---

35 *DüD* I, S. 494.
36 Joseph Goebbels, *Tagebücher 1945. Die letzten Aufzeichnungen*, Hamburg 1977, S. 487.

des Dichters verkörpern, so daß die persönliche Konkurrenz um den Rang des Größten auch eine Frage nach dem der Epoche angemessenen Begriff von Poesie ist. Ist die von Träumen inspirierte Dichtung des Versepos *Till Eulenspiegel*, an dem Hauptmann zur Zeit von Thomas Manns *Zauberberg* schrieb, über die intellektuell gearbeitete, musikalisch komponierte Romankunst Thomas Manns zu stellen? Oder ist diese ironisch-humoristische Erzählkunst, »das gewandte kleine Wort« (III,836), das den Mythos und die Geschichte, die philosophischen Fragen und die politischen Lösungsvorschläge der Epoche in sich aufnimmt, höher zu stellen? Die Literaturgeschichte hat die Frage seither beantwortet, und der *Zauberberg* deutet diese Antwort an.

Peeperkorn, ähnlich komplex wie Naphta, ist eine Figur, in der sich Christus und Dionysos miteinander verbinden. Wie Thomas Mann es 1924 in Mynheer Peeperkorn gestaltete, sagte er es 1952 über Gerhart Hauptmann: »Der Gekreuzigte und Dionysos waren in dieser Seele mythisch vereinigt, wie in derjenigen Nietzsche's, – der Schmerzensmann, der Mann von Gethsemane, und der das Gewand im sakralen Tanz raffende Heidenpriester« (IX,812).

Wenn Mynheer Peeperkorn sich am Ende das Leben nimmt, dann geschieht das offenbar als Folge der »Niederlage des Gefühls vor dem Leben, das ist die Unzulänglichkeit, für die es keine Gnade, kein Mitleid und keine Würde gibt, sondern die erbarmungslos und hohnlachend verworfen ist« (III,784). Diese Niederlage erleidet er, weil er nicht in der Lage ist, mit dem Gefühl allein dem Leben gerecht zu werden. Daran ist weniger interessant, daß er impotent ist, wie man behauptet hat, sondern daß Hauptmanns Dichtung mit ihren Mitteln der Wirklichkeit und dem Leben nicht gerecht werden kann. Und für Hans Castorps Bildung ist das Erlebnis dieser »Persönlichkeit« auch keineswegs ausschlaggebend: Peeperkorn schiebt die im Roman diskutierten Probleme beiseite, ohne sie zu lösen.

Man hat eine Antwort auf die Fragen des Romans und eine Überwindung seiner Gegensätze häufig im »Schnee«-Kapitel gesehen. Hans Castorp träumt dort einen Traum, dessen Ergebnis er in die Worte faßt: »Die Liebe steht dem Tode entgegen, nur sie, nicht die Vernunft, gibt gütige Gedanken. [...] Ich will dem Tode Treue halten in meinem Herzen, doch mich hell erinnern, daß Treue zum Tode und Gewesenen nur Bosheit und finstere Wollust und Menschenfeindschaft ist, bestimmt sie unser Denken und Regieren. *Der Mensch soll um der Güte und Liebe willen dem Tode keine Herrschaft einräumen über seine Gedanken.* [...] damit hab' ich zu Ende geträumt und recht zum Ziele« (III,686). Die Bedeutung des einzigen kursiv gedruckten Satzes im Roman ließ viele Interpreten hier das ideelle Zentrum des Werkes sehen; dem widerspricht indes der Schlußsatz des »Schnee«-Kapitels: »Was er geträumt, war im Verbleichen begriffen. Was er gedacht, verstand er schon diesen Abend nicht mehr so recht« (III,688). Was ihm aber von dem Erlebnis bleibt, ist – darauf hat Hans Wysling hingewiesen – eine innere Überlegenheit: »Er sprach seinen Part zu Ende, ließ die Stimme sinken, machte Punktum und ging seines Weges wie ein Mann« (III,809).

Thomas Mann hat den *Zauberberg* oft in die Tradition des deutschen Bildungs- und Erziehungsromans gestellt; gelegentlich spricht er von einer »Parodie des ›Wilhelm Meister‹« von Goethe.[37] Man kann dem entgegenhalten, daß der Roman, im Gegensatz zu den großen Mustern der Gattung im neunzehnten Jahrhundert, offen endet: »Das Ziel, auf das er hinarbeiten könnte, ist weder ihm noch dem Verfasser bekannt«; der Roman bleibe »eine Verfallsgeschichte, die Geschichte einer Depersonalisation«.[38] Man muß diesen Argumenten zustimmen, darf dann aber fragen, ob ein Bildungsroman wie z. B. der *Nachsommer* des österreichischen Schulrates Adalbert Stifter im 20. Jahrhundert noch geschichtlich möglich ist. Die Offenheit, in die der *Zauberberg* mündet, ist vielleicht sein Ziel. Denn die Diskurse Set-

---

37 An Hermann Kesten, 28. 1. 1938, *DüD* I, S. 549.
38 So argumentiert Hans Wysling (Anm. 34), S. 420.

tembrinis und Naphtas, auch das Schicksal des braven Joachim Ziemßen wie der großen Persönlichkeit Peeperkorn zeigen, daß konkrete und verwirklichte Bildungsziele – sei es die Erziehung zum Soldaten, zum Aufklärer, zum Bolschewisten oder zur unintellektuellen »Persönlichkeit« in mißverstandener Goethe-Nachfolge – zu unglaubwürdigen und ideologischen Einseitigkeiten führen. Sie widerlegen sich selbst; ihre Vertreter sterben oder nehmen sich das Leben, oder sie sind – wie Settembrini – unglaubwürdig: der Aufklärer, der an den »Menschheitsfortschritt« glaubt, ist in der Tat Nationalist: »Er hat seine Bürgerpike am Altar der Menschheit geweiht, damit die Salami in Zukunft an der Brennergrenze verzollt werde« (III,834).
So gesehen wäre Hans Castorps Erziehung zum Familienvater, zum berufstätigen Bürger oder zum Mitglied einer politischen Partei, einer Kirche oder einer anderen Institution des öffentlichen Lebens eine Ideologie, die den Prinzipien von Thomas Manns Denken und seiner Kunst widerspräche. Man darf übrigens daran erinnern, daß der andere große Bildungsroman der Weimarer Zeit, Musils *Der Mann ohne Eigenschaften*, gleichfalls – auch in diesem Sinne – »Fragment« geblieben ist.
Deutlicher als im Frühwerk und im *Tod in Venedig* wird im *Zauberberg*, in welchem Maße und auf welche Weise Thomas Mann Ironiker ist. Man kann sich das an des Hofrats Behrens Erläuterungen seines Porträts der Clawdia Chauchat, der einzigen kunsttheoretischen Reflexion des Romans, vor Augen führen: »Die Körperpelle da hat Wissenschaft, die können Sie mit dem Mikroskop auf ihre organische Richtigkeit untersuchen. Da sehen Sie nicht bloß die Schleim- und Hornschichten der Oberhaut, sondern darunter ist das Lederhautgewebe gedacht mit seinen Salbendrüsen und Schweißdrüsen und Blutgefäßen und Wärzchen, – und darunter wieder die Fetthaut, die Polsterung, wissen Sie, die Unterlage, die mit ihren vielen Fettzellen die holdseligen weiblichen Formen zustande bringt. Was aber mitgewußt und mitgedacht ist, das spricht auch mit. Es fließt

Ihnen in die Hand und tut seine Wirkung, ist nicht da und irgendwie doch da, und das gibt Anschaulichkeit« (III,361).

Es mag zunächst befremden, wenn diese Erörterung mit dem Begriff Ironie in Verbindung gebracht wird, aber was ist Ironie anderes als das unentschiedene und gleichzeitige Neben- und Übereinander von Verschiedenem? Ironie ausschließlich als Verstellung zu definieren, deren Sinn eindeutig ist wie in der klassischen Rhetorik, hieße ihre Bedeutung im Blick auf Thomas Mann unangemessen verengen; deshalb meint Hans Castorp: »Eine Ironie, die ›keinen Augenblick mißverständlich‹ ist, – was wäre denn das für eine Ironie, frage ich in Gottes Namen, wenn ich schon mitreden soll?« (III,309). Da mehreres gleichzeitig ist und wahrgenommen wird, entsteht im Erzähler die »Begierde, alles auf einmal zu sagen« (VI,468), wie der Erzähler des *Doktor Faustus* es später ausdrückt. Diese Ironie ist die Reaktion auf eine als vielschichtig und komplex erfahrene Wirklichkeit.

Deshalb ist Thomas Mann im *Zauberberg* bestrebt, »sich an der Aufhebung der Zeit« zu versuchen, »nämlich durch das Leitmotiv, die vor- und zurückdeutende magische Formel, die das Mittel ist, seiner inneren Gesamtheit in jedem Augenblick Präsenz zu verleihen« (XI,603), wie er 1939 in Princeton sagte. Man kann diese Romantechnik an zahlreichen Einzelheiten beobachten, fast jedes Motiv des Romans wird wiederholt, dabei oft verändert und parodiert. So wiederholt sich der Empfang Hans Castorps durch seinen Vetter Joachim (III,25ff.) im Abschnitt »Abgewiesener Angriff« des sechsten Kapitels beim Besuch James Tienappels (III,595f.), um nur dies Beispiel zu nennen. Jeder aufmerksame Leser wird zahlreiche ähnliche motivische Wiederholungen auffinden. Bisweilen auch sind viele Motive gleichzeitig an einer Stelle versammelt. Das geschieht z. B., als Joachim Ziemßen gestorben ist: Hans Castorp weint, er »ließ über seine Wangen die Tränen laufen, die den englischen Marineoffizier dort so gebrannt hatten, – dies klare

Naß, so reichlich-bitterlich fließend überall in der Welt und zu jeder Stunde, daß man das Tal der Erden poetisch nach ihm benannt hat; dies alkalisch-salzige Drüsenprodukt, das die Nervenerschütterung durchdringenden Schmerzes, physischen wie seelischen Schmerzes, unserem Körper entpreßt. Er wußte, es sei auch etwas Muzin und Eiweiß darin« (III,743f.).

Wenn Hans Castorp hier ironisch empfindet, so verstellt er sich nicht, denn er empfindet ja aufrichtige Trauer, so daß er weint. Aber sie ist verschränkt mit der Erinnerung an eine Erzählung Joachims von einem Mann, der seine Wangen mit Coldcream gegen die Tränen geschützt hatte (III,22), mit Erinnerungen an die Vorstellung von der Erde als Tränental sowie an seine eigenen naturwissenschaftlichen Studien im Abschnitt »Forschungen« des fünften Kapitels und mit dem Wissen über die chemische Zusammensetzung seiner Tränen. Man kann dies die Koexistenz mehrerer Bewußtseinslagen nennen. Sie ermöglicht, Wirklichkeit darzustellen als eine komplexe Formation; sie zeigt mehr als das augenblicklich Sichtbare und Tatsächliche. Die so dargestellte Wirklichkeit ist immer mehr als das Faktische, nämlich zugleich Vergangenheit und Zukunft, Geschichte und Möglichkeit.

Man kann deshalb diese Kunst eine Fortsetzung des Realismus mit ironischen Mitteln nennen, mindestens ist sie, wie die romantische Ironie, »die Ermöglichung künstlerischer Objektivität«.[39]

Im Werk Thomas Manns bezeugt diese Ironie zunächst seine Nähe zur Musik; wenn er von Musik spricht, meint er fast immer das Werk Richard Wagners. Von ihm ist eine Äußerung überliefert, die Thomas Mann vermutlich nicht kannte, die aber die Sache sehr genau bezeichnet. Cosima Wagner notiert in ihrem Tagebuch unter dem Datum des

---

39 Vgl. Ulrich Karthaus, »Zu Thomas Manns Ironie«, in: *Thomas Mann Jahrbuch*, hrsg. von Eckhard Heftrich und Hans Wysling, Bd. 1 (1988) S. 80–98.

5. Juli 1870: »Im Wagen spricht R.[ichard] von der Zusammensetzung mehrerer Themen in der Musik; das Ohr vernimmt nur eines, aber die Beifügung der andren als Begleitung schärft und erhöht den Eindruck dieser einen gehörten Melodie ungeheuer. In der Dichtkunst gäbe es keine ähnliche Wirkung, außer vielleicht durch die Äquivoke, den Humor, die Ironie.«[40]

Es widerspräche dem Wesen dieser leitmotivischen, musikalischen und ironischen Kunst, wenn sie zu einem greifbaren Ergebnis gelangen würde: der offene Schluß des *Zauberberg* entspricht der Romankunst Thomas Manns und der geschichtlichen Situation seiner Entstehungszeit. Es war im Jahre 1924 keineswegs abzusehen, welcher der von Thomas Mann erkannten und im Roman dargestellten Möglichkeiten die Entwicklung folgen würde. Was von ihm politisch als Notwendigkeit begriffen wurde, war einzig die Absage an den Nationalismus, und die wird im Roman wie auch in der Rede *Von deutscher Republik* 1922 eindeutig formuliert. Im Roman enthält das »Schnee«-Kapitel diese Absage, indem hier die Liebe zum Tode, also die Romantik, als die intellektuelle und künstlerische Tradition des Nationalismus verworfen wird, und in der »Walpurgisnacht« erfährt Hans Castorp das gleiche von Clawdia Chauchat. Man hat ihre Äußerung in der Literatur zum *Zauberberg* kaum angemessen gewürdigt; sie ist in französischer Sprache artikuliert, und Hans Castorp signalisiert ausdrücklich, daß »parler français, c'est parler sans parler, en quelque manière, – sans responsabilité« (III,469) – französisch sprechen heiße gewissermaßen sprechen, ohne zu sprechen, das heißt unverantwortlich sprechen. In dieser Sprache »sans responsabilité« kann die Wahrheit ähnlich zum Vorschein kommen wie im Traum, und Hans Castorp erscheint ja auch das Tête-à-tête mit der Russin als ein Traum, wie er auf französisch sagt (III,468). Was er auf solche Art – in ironischer

40 Cosima Wagner, *Die Tagebücher*, hrsg. von Martin Gregor-Dellin und Dietrich Mack, Bd. 1 (1860–1877), München/Zürich 1976, S. 254.

Umkehrung – erfährt, wird von der Russin in diese Worte gekleidet: »Il nous semble qu'il est plus moral de se perdre et même de se laisser dépérir que de se conserver« (III,473).

In der Rede *Von deutscher Republik* übersetzte Thomas Mann 1922: »Unter uns Deutschen wenigstens scheint Grundgesetz, daß, wer sich verliert, sich bewahren wird, wer sich aber zu bewahren trachtet, sich verlieren, das heißt der Barbarei oder biederer Unbeträchtlichkeit anheimfallen wird« (XI,814).

Wenn man ihm von deutschnationaler und konservativer Seite vorwarf, er habe sich selbst als den Verfasser der *Betrachtungen eines Unpolitischen* verraten, so hat er diesen Vorwurf nie verstanden. Hinter den vordergründigen Wandlungen seiner Ansichten blieb Thomas Mann sich selbst treu; das Prinzip der Ideologiefreiheit als das »Pathos der Mitte« (IX,171), als Ironie, das für ihn gleichbedeutend mit der Freiheit des Künstlers und seiner Kreativität war, hat er in den *Betrachtungen* wie im *Zauberberg* und den großen Essays der zwanziger Jahre immer wieder vertreten. Eine neuere Abhandlung, die dies darstellt, trägt den Titel *Nihilismus der Menschenfreundlichkeit*.[41]

Mario und der Zauberer. Im Spätsommer 1926 hielt sich Thomas Mann mit seiner Frau und den beiden jüngsten Kindern Elisabeth und Michael zum Urlaub in der Pension Regina in Forte dei Marmi bei Viareggio auf; dort begab sich fast alles – bis auf den »letalen Ausgang« – so, wie die Novelle es erzählt: eine unangenehme, gereizte Stimmung, vergiftet durch faschistischen Chauvinismus unter dem Einfluß der Mussolini-Herrschaft, bestimmt den Urlaub. Alles, was an kleinen störenden Vorkommnissen während der Ferienwochen die Laune zu verderben imstande war, explo-

---

41 Herbert Lehnert / Eva Wessell, *Nihilismus der Menschenfreundlichkeit*, Frankfurt a. M. 1991.

diert gleichsam an einem Abend, so wie sich die atmosphärische Spannung vor einem Gewitter in dessen Ausbruch entlädt: ein Zauberkünstler und Hypnotiseur wird auf dem Höhepunkt seiner Darbietung vor den Augen des Publikums von dem Kellner Mario mit einer Pistole erschossen, nachdem er ihn und seine intimen Gefühle lächerlich gemacht hat.

Dieses Ende ist nicht die Erfindung Thomas Manns, sondern seiner Tochter Erika; in einem Brief aus München schreibt er: »Als ich von dem Abend hier erzählte, sagte meine älteste Tochter: ›Ich hätte mich nicht gewundert, wenn er ihn niedergeschossen hätte.‹ Erst von diesem Augenblick war das Erlebte eine Novelle, und um sie auszuführen, brauchte ich das Atmosphäre gebende anekdotische Detail vorher [...], um Cipolla töten zu können, brauchte ich den Hotelier – und das übrige vorbereitende Ärgernis. Weder Fuggiero noch der zornige Herr am Strande, noch die Fürstin hätten sonst das Licht der Literatur erblickt.«[42]

Indes ist das »tragische Reiseerlebnis« noch etwas anderes und mehr als eine »Novelle« mit »anekdotische[n] Detail[s]«: die Aussage von 1930 – ihrem Erscheinungsjahr – verschweigt den »manifeste[n] politische[n] Gehalt«,[43] den der Autor erst später, in den vierziger Jahren, einräumte, z. B. in einem Brief an Henry Hatfield: »Im Grunde war die Novelle wohl eine erste Kampfhandlung gegen das, was damals schon die europäische Gesamtatmosphäre erfüllte und durch den Krieg nicht restlos aus ihr vertrieben worden ist.« Er erklärt diesen Wandel im Verständnis des eigenen Werkes mit einer »patriotische[n] Überschätzung der eigenen Nation«; er habe, als er die Erzählung im August 1929 am Ostseestrand geschrieben habe, nicht geglaubt, »daß Cipolla in Deutschland möglich sei.«[44] Man sollte nicht mystisch interpretieren, daß das Werk sich wieder einmal als

---

42 An Otto Hoerth, 12. 6. 1930, *DüD* II, S. 368.
43 Vaget (Anm. 8), S. 223.
44 Am 20. 4. 1947, *DüD* II, S. 372.

klüger erwiesen habe denn sein Autor; Vagets Erklärung für den – vermeintlichen – Sinneswandel in der Deutung der Novelle durch ihren Autor ist plausibler: der heraufziehende Faschismus im Deutschland der späten zwanziger Jahre erschwerte Thomas Manns künstlerische Arbeit durch den Druck und die Angriffe, die seine politischen Kundgebungen auf ihn zogen. Diese Situation mag ihn veranlaßt haben, die politische Bedeutung der Novelle herunterzuspielen, um vor allem »die für ihn existenznotwendige Möglichkeit, mit seiner Leserschaft zu kommunizieren«, nicht zu gefährden.[45]

Am 31. Oktober 1922 war Benito Mussolini italienischer Ministerpräsident geworden; am 25. November hatte er diktatorische Vollmachten erhalten; am 24. November 1923 hatte er ein neues Wahlgesetz geschaffen, mit dessen Hilfe die Faschisten am 6. April 1924 eine Mehrheit von 65 Prozent der Parlamentssitze erhielten – Vorgänge, die sich mit einigen Variationen zehn Jahre später in Deutschland wiederholen sollten.

Thomas Mann sieht das Politische an ihnen nicht in den von der Geschichtsschreibung verzeichneten Daten, sondern in den Voraussetzungen – oder Konsequenzen – jener Vorgänge im Atmosphärischen des menschlichen, gesellschaftlichen Verhaltens. Das Thema ist, ähnlich wie die Predigten des Hofpredigers Wislizenus in *Königliche Hoheit*, vom ersten Satz an gegenwärtig; es steigert sich, indem es variiert und in verschiedenen Perspektiven, durch verschiedene Personen gebrochen, endlich auf eine Person konzentriert wird, bis es, wie ein vielfältig instrumentiertes Musikstück, mit einem im Fortissimo komponierten Finale, das alles zusammenfaßt und den Hörer aus der Spannung entläßt, effektvoll endet. Es wird auf solche Weise einleuchtend, »wo das Spektakel aufhörte und die Katastrophe begann« (VIII,658).

---

45 Vaget (Anm. 8), S. 224.

Die Exposition ist eine humoristische Beschreibung der Psychologie der erholungsuchenden »Welt«; es folgt die ausführliche Erzählung von »etwas Verdruß« (VIII,660) und von der Behandlung im Hotel, die die Reisenden »empörte« (VIII,662), so daß sich »üble Laune« einstellt, die vor allem durch ein Ergebnis der offenbar zeitgemäßen Erziehung und durch Fuggieros »Widerspenstigkeit, Unart und Bosheit« (VIII,665) unterstrichen wird: es wird mit diesen Zügen das Bild einer nationalen »Krankheit« gemalt, die endlich zu einem »Konflikt« (VIII,667) führt, der nun schon ironisch, fast satirisch erzählt wird. Die Einleitung endet mit der Reflexion: »Soll man ›abreisen‹, wenn das Leben sich ein bißchen unheimlich, nicht ganz geheuer oder etwas peinlich und kränkend anläßt? Nein doch, man soll bleiben, soll sich das ansehen und sich dem aussetzen, gerade dabei gibt es vielleicht etwas zu lernen« (VIII,669). Ein »schrecklicher Lohn« ist das Ergebnis dieser Haltung. Er ergibt sich als Verdichtung aller dieser einzelnen Widerwärtigkeiten, denn es wäre zu einseitig, wenn man in dem »Forzatore, Illusionista und Prestidigitatore« (VIII,670), dem Kraftmenschen, Zauberkünstler und Taschenspieler, nur eine poetische Darstellung Mussolinis sähe. Dessen Name wird in der Novelle nicht genannt, denn Thomas Mann beabsichtigt keine politologische oder essayistische Analyse des faschistischen Herrschaftssystems, sondern eine Darstellung ihrer Auswirkung auf die Verhaltensweisen und Charakterentwicklungen von Menschen. Cipolla – deutsch: Zwiebel – wird von seinem Dichter psychologisch analysiert, ähnlich, wie man von einer Zwiebel eine Schale um die andere abstreift.

Entsprechend hat die neuere Literatur zu der Novelle diesen Gesichtspunkt besonders betont; Manfred Dierks sieht hier »zutreffende psychologische Erkenntnisse über politische Erscheinungen«; und auch Gerhard Sautermeister erblickt in der Gestalt des Cipolla den »eigentlichen historischen Wahrheitsgehalt« der Novelle. Klaus Müller-Salget geht einen wesentlichen Schritt weiter, indem er diese psychologischen Einsichten mit konstanten Themen Thomas Manns zusammensieht: Wie im *Tod in Venedig* sei das Vorbild der *Bakchen* des Euripides zu erkennen,[46] und Cipolla sei »auf der Stufe der Verhunzung« Dionysos oder doch ein Dionysos-Priester. Gehe Aschenbach an seiner »unmöglichen Liebe« zu Tadzio zugrunde, so Cipolla, weil er die Liebe Marios »verhöhnt und besudelt«.

Man kann noch ein Stück weiter gehen in der Deutung des politisch-psychologischen Gehaltes der Novelle. Das Wort »Verhunzung« wird von Thomas Mann in seinem Aufsatz *Bruder Hitler* zur Charakterisierung von Mussolinis deutschem Kollegen verwendet (XII,847); es deutet an, daß der faschistische Diktator selbst deformiert ist. Die Erscheinung Cipollas unterstreicht das mit ihrem »zerrütteten Gesicht« (VIII,674) und der »Selbstgefälligkeit des Krüppels« (VIII,675) ebenso wie seine Abhängigkeit von Zigaretten und Kognak.

Seine hypnotische Wirkung auf das Publikum, wobei er sich hütet, dessen »vornehmen Teil« »zu belästigen« (VIII,681), verdankt der Forzatore seiner Beredsamkeit – man attestiert ihm beifällig »Parla benissimo« (VIII,679) –, vor allem aber einer Reitpeitsche (VIII,675), »diese pfeifende Fuchtel, unter die seine Anmaßung uns alle stellte« (VIII,697). Die Herrschaft, die er auf solche Art ausübt, hat etwas »Entwürdigendes« und »Entehrendes« (VIII,697). »Der Patriotismus und die reizbare Würde« (VIII,688), am Strande gleichsam präludiert durch den Herrn »in städtischem Schniepel« (VIII,667), gelangen in den Darbietungen Cipollas auf ihren Gipfel; beide können die eigene Würde nur durch die Demütigung anderer behaupten.

Egon Schwarz hat diese faschistischen Züge im Geschehen der Novelle hervorgehoben, und er hat auch deutlich gemacht, daß die faschistische Herrschaftsform sich auf die

---

46 Vaget (Anm. 8), S. 248f.

unteren Mittelschichten stützt – was hier sehr deutlich wird. Nahezu prophetisch sei Thomas Manns Einsicht, daß gegen diesen Diktator nur Gewalt helfe.[47] Und ebenso klarsichtig ist seine Erkenntnis, daß zum Widerstand eine wirkliche Alternative gehört. »Die Willensfreiheit«, erkennt Cipolla, »existiert nicht, denn ein Wille, der sich auf seine Freiheit richtet, stößt ins Leere« (VIII,689). Es waltet daher eine »die Freiheit lähmende Verstrickung des Willens in sich selbst« (VIII,698) unter der Herrschaft des bösartigen Unholds, der im Bunde ist mit »Mächte[n] [...], die stärker als Vernunft und Tugend« (VIII,700) sind. Der Erzähler stimmt in dieser Diagnose mit Cipolla überein: »Wahrscheinlich kann man vom Nichtwollen seelisch nicht leben; eine Sache nicht tun wollen und überhaupt nicht wollen, also das Geforderte dennoch tun« (VIII,702) sei fast das gleiche.

Über dieser Analyse darf man nicht vergessen, daß die Novelle das Bild Italiens und seiner Gesellschaft sehr differenziert zeichnet. Es gibt am Strande nicht nur »menschliche Mediokrität und bürgerliche[s] Kroppzeug«, sondern daneben und zuvor auch »viel Wohlschaffenheit und gesunde Anmut« (VIII,665); die »sehr sympathische Bekanntschaft« mit Signora Angiolieri« (VIII,662) korrigiert und ergänzt die Begegnung mit dem Hoteldirektor und die Anmaßung des Kleinbürgers am Strande, so wie schließlich Marios Heldentat der Novelle »ein befreiendes Ende« (VIII,711) verschafft.

So wie Thomas Mann 1939 in der Schrift *Bruder Hitler* eine Art von »Solidarität« und »Wiedererkennen« (XII,852), die er freilich alles andere als wörtlich verstanden wissen wollte, in der »trüben Figur« des deutschen Diktators erkannte, so wie er 1945 in der Library of Congress in Washington in seiner großen Rede *Deutschland und die Deutschen* sich weigerte, »das gute, das edle, das gerechte

---

47 Egon Schwarz, »Fascism and Society. Remarks on Thomas Mann's Novella *Mario and the Magician*«, in: *Michigan Germanic Studies* 2 (1976) S. 47–67.

1949

Deutschland im weißen Kleid« von dem »böse[n]«, vielleicht im braunen Kleid, zu unterscheiden, und statt dessen bekannte: »ich habe es auch in mir, ich habe es alles am eigenen Leibe erfahren« (XI,1146) – so deutet er schon in *Mario und der Zauberer* seine geheime Verwandtschaft mit dem verhunzten Künstler Cipolla an: er nennt ihn im Titel mit dem Namen, den er selbst in der Familie führte, »der Zauberer«.[48]

Bekenntnisse des Hochstaplers Felix Krull. Der Roman darf, wie Hans Wysling 1982 schrieb, besonderes Interesse innerhalb des Gesamtwerkes von Thomas Mann beanspruchen: die *Bekenntnisse*, »seit 1905 geplant [...], nach jahrzehntelangem Unterbruch in den fünfziger Jahren abgeschlossen, bilden [...] einen Rahmen um Thomas Manns gesamtes Werk«.[49]

Das Werk steht seiner Handlung nach in der Tradition des europäischen Schelmenromans; es ist als fiktive Autobiographie in der Form der Ich-Erzählung geschrieben, der mehrfache Wechsel der Schauplätze, die häufig eingeschobenen Reflexionen, die realistische Detailfreudigkeit bei der Beschreibung von Abenteuern, zumal von erotischen, und die Konzentration des Geschehens auf die Person des Helden und Erzählers sind Züge, die den *Krull* etwa mit Grimmelshausens *Simplicissimus* wie mit der *Blechtrommel* von Günter Grass verbinden.

Felix Krull (Felix = ›der Glückliche‹) wird 1875, im Geburtsjahr Thomas Manns, in Eltville im Rheingau als Sohn eines Schaumweinfabrikanten geboren. Er stammt »aus feinbürgerlichem, wenn auch liederlichem Hause« (VII,265): die Eltern wie auch die Schwester Olympia sind mehr den Vergnügungen am Rande des bürgerlichen Erwerbslebens als der Arbeit zugetan, und dem entspricht die

---

48 Hans Wysling, *Narzißmus und illusionäre Existenzform. Zu den Bekenntnissen des Hochstaplers Felix Krull*, Bern/München 1982, S. 250.
49 Wysling (Anm. 48), S. 10.

Produktion der Schaumweinfabrik des Vaters. Die Qualität des Getränkes steht im Gegensatz zu seiner »blendenden Aufmachung« (VII,268). So kann es nicht verwundern, daß die »Sektmarke Lorley extra cuvée« (VII,267) untergeht und mit ihr die Firma. Engelbert Krull nimmt sich nach dem Konkurs das Leben, seine Witwe eröffnet in Frankfurt am Main ein Beherbergungsunternehmen, Olympia beginnt eine Laufbahn als Operettenkünstlerin, und Felix Krull vollendet seine Erziehung.

Deren Grundlagen und Anfänge bilden den hauptsächlichen Inhalt des ersten Buches (VII,265–321). Felix Krull, »ein phantastisches Kind« (VII,271), bereitet sich schon früh, noch im Kinderwagen, auf den Beruf eines Hochstaplers vor, indem er die Rolle Kaiser Wilhelms I. spielt. Er wird dabei von seinem Paten Schimmelpreester unterstützt, »einem nicht alltäglichen Manne« (VII,282), Maler von Beruf, der mit zweifelhaftem Recht den Professortitel führt und früher in Köln als Festordner im Karneval eine hervorragende Rolle gespielt« hat. Ungeklärte Umstände haben ihn genötigt, dort »das Feld zu räumen« (VII,283). Er fördert die Entwicklung seines Patensohnes, indem er ihn in die verschiedensten Gewänder kleidet, die ihm alle so gut stehen, daß sich sein »Kostümkopf« (VII,284) ebenso überzeugend »als römischer Flötenbläser« wie »als jugendlicher Abbé der Puderzeit« (VII,285) ausnimmt.

Ergänzt wird diese Erziehung durch Taten und Verhaltensweisen Felix Krulls, die man unter pädagogischem Gesichtspunkt weniger billigen kann als jene Verkleidungen, obwohl er selbst sie mit gewandter Dialektik zu rechtfertigen weiß: um der Schule fernbleiben zu können, verfaßt er sich selbst Entschuldigungsschreiben, indem er die Handschrift seines Vaters fälscht, oder er spielt seiner Familie und dem Hausarzt Krankheiten vor. Da er bei diesen Übungen auf »spärliche Kost« (VII,306) gesetzt wird, ernährt er sich von der Ausbeute gelegentlicher Ladendiebstähle in einem Delikatessengeschäft.

Diese Ausbildung zum Hochstapler wird vervollständigt durch die Erziehung zur Liebe, die er durch das Zimmermädchen seines Elternhauses, Genovefa erfährt. Nach dem Tode des Vaters, als er in der Wohnung seiner Mutter zu Frankfurt eine Zeitlang beschäftigungslos lebt, wird dieser Zweig seiner Erziehung vollendet: er macht die Bekanntschaft der Prostituierten, »der gestrengen Rozsa« (VII,442), einer Ungarin, deren Zuhälter im Gefängnis sitzt, so daß Felix Krull dessen Rolle für eine Weile übernimmt. Aber auch Kenntnisse über die große Welt gewinnt er in dieser Zeit, indem er die Requisiten ihres Lebens – Juwelen, Kleider, Möbel, Blumen – in den Schaufenstern der Stadt studiert. Seine »Bildung« »ist ein Geschenk der Freiheit und des äußeren Müßiganges; man erringt sie nicht, man atmet sie ein« (VII,339).
Felix Krull sichert sich diese Freiheit auch für die Zukunft, indem er sich dem Militärdienst entzieht: bei der Musterung simuliert er einen epileptischen Anfall, ein Auftritt, den er durch Lektüre einschlägiger Literatur und Übungen vor dem Spiegel sorgsam vorbereitet hat. Damit gewinnt er die Möglichkeit, Deutschland zu verlassen. Er reist nach Paris, wo er in einem Hotel als Liftboy und später als Kellner angestellt wird. Dabei führt er ein Doppelleben: in seiner Freizeit nimmt er am Leben jener eleganten Welt teil, dessen Fassade er in Frankfurt kennengelernt hat. Nun dringt er einen Schritt weiter vor, indem er bei Zirkus-, Theater- und Restaurantbesuchen ihre Gewohnheiten einübt. Die Mittel dazu hat er sich durch Diebstähle beschafft: bei der Zollkontrolle an der deutsch-französischen Grenze entwendet er die Schmuckkassette einer Mitreisenden. Er begegnet dieser Dame wieder als Liftboy, er beglückt sie in ihrem Hotelzimmer und befriedigt ihren Wunsch nach Erniedrigung, indem er sie abermals bestiehlt.
Der letzte Teil des Romans beschreibt jene »Abweichungen und unregelmäßigen Seitenpfade« (VII,333), die der Pate Schimmelpreester gerühmt hatte, als er Felix die Hotellaufbahn empfahl. Zwei von ihnen schlägt er aus: die Liebe der

noch kindlichen Eleanor Twentyman, Tochter eines reichen englischen Ehepaares, und das Begehren des homophil veranlagten schottischen Lord Kilmarnock, der ihn zu seinem Kammerdiener machen möchte und ihm die Adoption in Aussicht stellt. Die dritte Möglichkeit ergreift er: der junge Marquis de Venosta unterhält ein Liebesverhältnis mit einer Pariser Soubrette. Seine Eltern wollen diese unstandesgemäße Bindung lösen und schicken ihn zu diesem Zweck auf eine Weltreise. Er bittet Felix Krull, an seiner Stelle zu reisen; dieser geht auf den Vorschlag ein und reist als Marquis de Venosta nach Lissabon.

Die Abenteuer, die ihm auf dieser Reise begegnen, sind zunächst intellektueller Art: sie runden seine Bildung nach der Seite der Menschheitsgeschichte, der kosmologischen und philosophischen Stellung des Menschen in der Welt und im Weltall ab. Das geschieht während eines großen Gesprächs, das er mit einer Reisebekanntschaft im Speisewagen führt. Es ist Professor Kuckuck, in dessen Familie der vorgebliche Marquis de Venosta eine Liebesgeschichte erlebt: er verliebt sich in die Tochter Zouzou, wird im Tête-à-tête mit ihr von der Mutter überrascht und in der Schlußszene des Romanfragments von dieser verführt.

Doch bei diesem so überraschenden wie natürlichen und so komischen wie effektvollen Schluß gewinnt er den Zugang zur großen Welt tatsächlich: er wohnt einem Herrenabend beim luxemburgischen Gesandten bei und wird von diesem dem portugiesischen König in einer Audienz vorgestellt; dabei unterhält er den hohen Herrn so vorzüglich und schmeichelt ihm so überzeugend, daß er mit einem Orden belohnt wird.

Der Roman ist ein Dokument der Meisterschaft Thomas Manns in seiner Kunst des motivisch-musikalischen Schreibens und der Sprachbeherrschung; ein Dokument seiner Auseinandersetzung mit dem Wesen und der Fragwürdigkeit des Künstlertums, in dem alle Perspektiven dieses Problems, das Thomas Mann zeitlebens beschäftigte, noch einmal dargestellt werden; eine Parodie des deutschen Bil-

dungs- und Erziehungsromans; und er ist endlich ein Zeugnis seiner philosophischen Überzeugung und seiner Weltanschauung, indem er mit all diesen Motiven und Gedanken spielt. Damit ist er eine indirekte Autobiographie Thomas Manns, der hier die Summe seiner Existenz zieht.
Dreimal erklingt das Motiv »Freut euch des Lebens«. Das Lied begleitet Felix Krulls Kindheit und prägt sich ihm tief ein, denn über dem Windfang der Eingangstür seines Elternhauses ist ein Glockenspiel angebracht, das den Anfang dieses Liedes spielt, sooft sich die Tür schließt. Als der Konkurs eingetreten ist und die Einrichtung des Hauses gepfändet wird, bleibt einzig das Glockenspiel erhalten: »Und wenn die kleine Vorrichtung über dem Windfang, ganz unberührt von all der Plünderung, noch immer mit zierlichem Klingen den Anfang des Liedes ›Freut euch des Lebens‹ spielte, so geschah es nur, weil die Gerichtsherren ihrer nicht achtgehabt hatten« (VII,320). Die Katastrophe des wirtschaftlichen Ruins hat damit ihr ironisch-groteskes Nachspiel. Natürlich können die Gerichtsvollzieher auf die Lebensfreude des bankrotten Sektfabrikanten keine Rücksicht nehmen, sie zerstören seine Illusion von einem heiteren und genußfrohen Leben. Zugleich bewährt das Lied seine Wahrheit: tat Engelbert Krull nicht recht daran, sich seines Lebens so lange zu freuen, wie es noch möglich war? Ein drittes Mal wird das Lied im Speisewagen im Gespräch mit Professor Kuckuck erwähnt; der vorgebliche Marquis de Venosta hört von ihm, daß das Leben der Menschheit »eine Episode« sei, »und zwar, im Maßstabe der Äonen, eine sehr flüchtige«. Er entgegnet dem mit der Erinnerung an das Lied, das nun durch die Worte des Professors »eine ausgedehntere Bedeutung« annimmt (VII,538). Damit wird das Lied zum Signal, das über den Roman hinausweist. In der Antwort auf eine Rundfrage des Columbia Broadcasting System in der Reihe »This I believe« schrieb Thomas Mann 1952 den kurzen Essay *Lob der Vergänglichkeit*. Dort bekennt er sich zu der Begeisterung, mit der Felix

Krull den Gedanken des Professors aufnimmt: Vergänglichkeit »ist die Seele des Seins, ist das, was allem Leben Wert, Würde und Interesse verleiht, denn sie schafft *Zeit*, – und Zeit ist, wenigstens potentiell, die höchste, nutzbarste Gabe, in ihrem Wesen verwandt, ja identisch mit allem Schöpferischen und Tätigen [...], allem Fortschritt zum Höheren und Besseren« (X,383). Das Spiel mit dem Leitmotiv »Freut euch des Lebens«, so spielerisch es angefangen und weitergeführt wird, gewinnt eine philosophische Bedeutung.

Der Roman steht insofern in der Tradition der Bekenntnisschriften. So wie das Lied nicht allein als Ermutigung zum Lebensgenuß, sondern zugleich als Aufforderung zur Leistung verstanden werden kann, so kann man die *Bekenntnisse des Hochstaplers Felix Krull* auch als verhüllte Autobiographie Thomas Manns lesen. Er läßt seinen Felix Krull am Ende der Einleitung ausrufen: »Welcher moralische Wert und Sinn wäre auch wohl Bekenntnissen zuzusprechen, die unter einem anderen Gesichtspunkt als demjenigen der Wahrhaftigkeit abgefaßt wären!« (VII,266), und damit wird angedeutet, daß hinter allem Scherz und aller Ironie das Ethos des Bekenners steht. Darauf hat nachdrücklich Hans Wysling hingewiesen; Thomas Mann hat im *Felix Krull* travestierend und parodierend eine biographische Summe seines Lebens und Schaffens gezogen. »Thomas Manns Werk steht von Anfang an im Zeichen dieser psychologisch-moralistischen Spannung von Selbstbezweiflung, Selbstanklage auf der einen, Selbstverteidigung, Selbstrechtfertigung auf der andern Seite. Schreiben war Selbstanalyse. Es hieß: Gerichtstag halten über sich selbst. *Bemühungen, Rechenschaft, Rede und Antwort* – schon die Titel seiner Essaybände sind erzprotestantische Titel. Aus ihnen allen spricht dasselbe Verlangen nach Selbstklärung und Selbstläuterung.«[50]

---

50 Wysling (Anm. 48), S. 57.

So fließen nicht nur zahlreiche Einzelheiten aus Thomas Manns Biographie in die *Bekenntnisse* ein, wie beispielsweise die autobiographischen Schriften *Kinderspiele* (1904) und *Süßer Schlaf* (1909) (XI,327–329, 333–339) bekunden, sondern das ganze Leben des Romanhelden ist das Leben eines Künstlers, seine Taten und Erfolge sind artistische Leistungen, die er keineswegs mühelos spielt, sondern die er sich studierend und trainierend erarbeitet: »Gleichwie das Schiff der Sandlast, so bedarf das Talent notwendig der Kenntnisse« (VII,350) – Felix Krull stellt das bei der Vorbereitung seines simulierten epileptischen Anfalles vor der Musterungskommission fest, und die Einsicht entspricht der künstlerischen Erfahrung Thomas Manns, der zu jedem seiner Werke umfangreiche Quellenstudien trieb und Fachleute um Rat fragte. Das Ergebnis dieser Bemühungen aber läßt die Arbeit, die vorausging, nicht mehr erkennen. Wie ein Artist im Zirkus geht der Künstler ganz in seiner Kunst auf, so daß man sich fragen mag, ob er überhaupt noch »menschlich« ist im Sinne einer bürgerlichen oder gesellschaftlich zu definierenden Rolle. Deshalb heißt »der Stern des Cirkus«, Andromache, »La fille de l'air« (VII,458), die Tochter der Luft, denn die Luft ist ihr »Kunstelement«, »sich als Gattin und Mutter vorzustellen« ist unmöglich. Sie ist weder »Weib« noch »Mann«, »was andere der Liebe geben« (VII,460), verausgabt sie an die Kunst. Die Erkenntnis Tonio Krögers: »Es ist aus mit dem Künstler, sobald er Mensch wird und zu empfinden beginnt« (VIII,296) wird von Felix Krull wiederholt, so daß er ohne menschliche Bindungen lebt. Er huldigt statt dessen der »Allsympathie« (VII,548), einer seine »Natur fast überspannende[n] Ausdehnung des Gefühls« (VII,546), die er als »halbes Kind« beim Erwachen seiner Sexualität »mit dem Traumwort ›Die große Freude‹ bezeichnet hatte, einer Geheimformel [...], der von früh an eine berauschende Weitdeutigkeit eigen gewesen war« (VII,547).
Wenn Felix Krull als Laden- und Hoteldieb, als Simulant

1954/55

und Hochstapler den Typus des Künstlers ins Kriminelle travestiert, so macht er doch auch deutlich, wie dieser Typ den Problemen des wirklichen Lebens fernsteht. Felix Krull äußert sich über gesellschaftliche und politische Probleme stets in konservativem Sinne, nicht nur in seiner Rolle als Marquis im Gespräch mit dem König, sondern schon als Hotelangestellter, der bei seiner Einstellung beteuert, er sei keineswegs »Sozialist«, sondern »finde die Gesellschaft reizend, so wie sie ist, und brenne darauf, ihre Gunst zu gewinnen« (VII,417). Da spricht sich das Bewußtsein des Künstlers aus, dessen »ganzes Wesen auf Ruhm gestellt« (VIII,450) ist, wie das Gustav von Aschenbachs im *Tod in Venedig*. Da zeigt sich aber auch, hinter der Fassade des heiteren Spiels und des erotischen Lebensgenusses, ein abgrundtiefer Pessimismus: von der gesellschaftlichen Wirklichkeit und ihrer politischen Reform, in welcher Richtung auch immer, ist kein Glück und keine Erfüllung zu erwarten, so daß es die Mühe nicht verlohnt, die Welt zu verändern.

Statt dessen lebt Krull, indem er wie eine »das Gemüt durch bloße Anschauung reinigende Blüte« (VII,529)[51] der Gesellschaft erscheint, und in Wahrheit wie eine »Seelilie« (VII,533), indem er im Leben »abenteuert« (VII,534). Sein Leben erfüllt sich im Schein, und nur so kann er es genießen; der Schein ersetzt ihm das Sein, denn »Sein« ist »nicht Wohlsein«, sondern »Lust und Last« (VII,548). Die Kunst tritt an die Stelle des Lebens, sie beansprucht alle Empfindungen für sich, der Schein des schönen Werkes, die Magie des schönen Wortes ersetzen die Wirklichkeit. Nur in der Illusion des Kunstwerkes lassen sich wahre Freiheit und wahres Glück erfahren.

---

51 Die Formulierung erinnert an Schillers Bestimmung der Kunst in den *Ästhetischen Briefen*.

IV. Literaturhinweise

1. Werkausgaben

Thomas Mann: Gesammelte Werke in dreizehn Bänden. Frankfurt a. M. ²1974. [Zitierte Ausg.: Band- und Seitenzahl.]

Thomas Mann: Gesammelte Werke in Einzelbänden. Hrsg. von Peter de Mendelssohn. Frankfurt a. M. 1980ff. (Frankfurter Ausgabe.)

Thomas Mann: Aufsätze, Reden, Essays. Hrsg. von Harry Matter. Berlin/Weimar. Bd. 1: 1893–1912 (1983), Bd. 2: 1914–1918 (1983), Bd. 3: 1919–1925 (1986).

Thomas Mann: Essays. Hrsg. von Hermann Kurzke und Stephan Stachorski. 6 Bde. Bd. 1: Frühlingssturm 1893–1918. Bd. 2: Für das neue Deutschland 1919–1925. Frankfurt a. M. 1993.

Thomas Mann: *Goethes Laufbahn als Schriftsteller*. Zwölf Essays und Reden zu Goethe. Hrsg. von Peter de Mendelssohn. Frankfurt a. M. 1982.

Thomas Mann: Tagebücher. Hrsg. von Peter de Mendelssohn. Frankfurt a. M. 1918–1921 (1979), 1933–1934 (1977), 1935–1936 (1978), 1937–1939 (1980), 1940–1943 (1982).

Thomas Mann: Tagebücher. Hrsg. von Inge Jens. Frankfurt a. M. 1944–1946 (1986), 1946–1948 (1989), 1949–1950 (1991), 1951 bis 1952 (1993).

Thomas Mann: Notizbücher. Hrsg. von Hans Wysling und Yvonne Schmidlin. Frankfurt a. M. 1–6 (1991), 7–14 (1992).

Thomas Mann: Briefe. Hrsg. von Erika Mann. Frankfurt a. M. 1889–1936 (1961), 1937–1947 (1963), 1948–1955 und Nachlese (1965).

Die Briefe Thomas Manns. Regesten und Register. Hrsg. von Hans Bürgin und Hans-Otto Mayer unter Mitarb. von Gert Heine und Yvonne Schmidlin. Frankfurt a. M. Bd. 1: 1889–1933 (1976), Bd. 2: 1934–1943 (1980), Bd. 3: 1944–1950 (1982), Bd. 4: 1951 bis 1955 und Nachträge (1987), Bd. 5: Empfängerverzeichnis und Gesamtregister (1987).

Thomas Mann: Briefwechsel mit Autoren. Hrsg. von Hans Wysling. Frankfurt a. M. 1988.

Thomas Mann: Briefe an Paul Amann 1915–1952. Hrsg. von Herbert Wegener. Lübeck 1959.

Thomas Mann an Ernst Bertram. Briefe aus den Jahren 1910–1955. Hrsg. von Inge Jens. Pfullingen 1960.
Thomas Mann: Briefe an Otto Grautoff 1894–1901 und Ida Boy-Ed 1903–1928. Hrsg. von Peter de Mendelssohn. Frankfurt a. M. 1975.
Thomas Mann – Heinrich Mann. Briefwechsel 1900–1949. Hrsg. von Hans Wysling. Frankfurt a. M. 1984.
Hermann Hesse – Thomas Mann. Briefwechsel. Hrsg. von Anni Carlsson. Frankfurt a. M. 1968. Erw. mit Volker Michels. Frankfurt a. M. 1975.
Thomas Mann – Erich von Kahler. Briefwechsel 1931–1955. Hrsg. von Michael Assmann. Hamburg 1993. (Veröffentlichungen der Deutschen Akademie für Sprache und Dichtung Darmstadt. 67. Veröffentlichung.)
Thomas Mann – Karl Kerényi. Gespräch in Briefen. Hrsg. von Karl Kerényi. Zürich 1960.
Thomas Mann – Agnes E. Meyer. Briefwechsel 1937–1955. Hrsg. von Hans Rudolf Vaget. Frankfurt a. M. 1992.
Jahre des Unmuts. Thomas Manns Briefwechsel mit René Schickele 1930–1940. Hrsg. von Hans Wysling und Cornelia Bernini. Frankfurt a. M. 1992. (Thomas-Mann-Studien. 10.)
Frage und Antwort. Interviews mit Thomas Mann 1909–1955. Hrsg. von Volkmar Hansen und Gert Heine. Hamburg 1983.
Dichter über ihre Dichtungen. Thomas Mann. Hrsg. von Hans Wysling unter Mitw. von Marianne Fischer. München/Frankfurt a. M. Teil I: 1889–1917 (1975), Teil II: 1918–1943 (1979), Teil III: 1944 bis 1955 (1981). [Zitiert als: *DüD*.]
Thomas Mann: Selbstkommentare: *Der Zauberberg*. Hrsg. von Hans Wysling und Marianne Eich-Fischer. Frankfurt a. M. 1993.
Thomas Mann: Selbstkommentare: *Doktor Faustus. Die Entstehung des Doktor Faustus*. Frankfurt a. M. 1992.

2. Bibliographien

Bürgin, Hans: Das Werk Thomas Manns. Eine Bibliographie unter Mitarb. von Walter A. Reichart und Erich Neumann. Frankfurt a. M. 1959.
Jonas, Klaus W., in Zusammenarb. mit dem Thomas-Mann-Archiv Zürich: Die Thomas-Mann-Literatur. Bibliographie der Kritik. Bd. 1: 1896–1955 (1972), Bd. 2: 1956–1975 (1979).

IV. Literaturhinweise

Matter, Harry: Die Literatur über Thomas Mann. Eine Bibliographie 1898–1969. 2 Bde. Berlin/Weimar 1972.
Neumann, Erich: Fortsetzung und Nachtrag zu Hans Bürgins Bibliographie *Das Werk Thomas Manns*. In: Georg Wenzel (Hrsg.): Betrachtungen und Überblicke. Zum Werk Thomas Manns. Berlin [Ost] 1966. S. 491–510.
Potempa, Georg: Thomas Mann. Beteiligungen an politischen Aufrufen und anderen kollektiven Publikationen. Eine Bibliographie. Morsum (Sylt) 1988.

3. Darstellungen von Leben und Werk

Bürgin, Hans / Hans-Otto Mayer: Thomas Mann. Eine Chronik seines Lebens. Frankfurt a. M. 1965, ²1974.
Hage, Volker: Eine Liebe fürs Leben. Thomas Mann und Travemünde. Hamburg 1993.
Hilscher, Eberhard: Thomas Mann. Leben und Werk. Berlin 1968, ⁵1975. (Schriftsteller der Gegenwart. 15.)
Hübinger, Paul Egon: Thomas Mann, die Universität Bonn und die Zeitgeschichte. Drei Kapitel deutscher Vergangenheit aus dem Leben des Dichters 1905–1955. München/Wien 1974.
Mann, Golo: Mein Vater Thomas Mann. Lübeck 1975.
Mayer, Hans: Thomas Mann. Frankfurt a. M. 1980.
Mendelssohn, Peter de: Der Zauberer. Das Leben des deutschen Schriftstellers Thomas Mann. Erster Teil: 1875–1918. Frankfurt a. M. 1975.
– Der Zauberer. Das Leben des deutschen Schriftstellers Thomas Mann. Jahre der Schwebe: 1919 und 1933. Nachgelassene Kapitel. Gesamtregister. Hrsg. von Albert von Schirnding. Frankfurt a. M. 1992.
Middell, Eike: Thomas Mann. Versuch einer Einführung in Leben und Werk. Leipzig 1966, ³1975.
Schröter, Klaus: Heinrich und Thomas Mann. Hamburg 1993. (EVA-Duographien. 1.)
– Thomas Mann in Selbstzeugnissen und Bilddokumenten. Reinbek bei Hamburg 1964 [u. ö.]. (rowohlts monographien. 93.)
Sprecher, Thomas: Thomas Mann in Zürich. Zürich 1992.
Winston, Richard: Thomas Mann. Das Werden eines Künstlers 1875 bis 1911. Deutsch von Sylvia Hofheinz. München/Hamburg 1985.

4. Weiterführende Literatur

Alt, Peter-André: Ironie und Krise: ironisches Erzählen als Form ästhetischer Wahrnehmung in Thomas Manns *Der Zauberberg* und Robert Musils *Mann ohne Eigenschaften*. Frankfurt a. M. / Bern / New York 1983.

Andersch, Alfred: Thomas Mann als Politiker. In: A. A.: Die Blindheit des Kunstwerks und andere Aufsätze. Zürich 1972. S. 9–27.

Arnold, Heinz Ludwig (Hrsg.): Thomas Mann. München 1976. (Sonderband Text + Kritik.) [Mit Beiträgen von Martin Walser, Hanjo Kesting, Walter Boehlich, Yaak Karsunke, Klaus Schröter, Volker Hage, Reinhard Baumgart, Karin Struck, Hans Bender, Peter Pütz, Manfred Jäger, Hermann Kurzke u. a.]

Baumgart, Reinhard: Das Ironische und die Ironie in den Werken Thomas Manns. München ²1966.

Bludau, Beatrix / Eckhard Heftrich / Helmut Koopmann (Hrsg.): Thomas Mann 1875–1975. Vorträge in München – Zürich – Lübeck. Frankfurt a. M. 1977. [Mit Beiträgen von Hans Maier, Peter de Mendelssohn, Helmut Koopmann, Lothar Pikulik, Herbert H. Lehnert, Claude David, Roger Bauer, Erwin Koppen, Eckhard Heftrich, Dolf Sternberger, Erich Heller, Benno von Wiese, Herbert Anton, Jürgen Scharfschwerdt, Hartmut Steinecke, Wolfdietrich Rasch, Hans-Joachim Sandberg, Hermann Kunisch, Hubert Ohl, Lea Ritter-Santini, Martin Gregor-Dellin, Louis Leibrich, André Banuls, Gunilla Bergsten, Tsuneka Murata, Georgi Gulia, Peter Pütz, Werner Betz, Walter Weiss, Gottfried Bermann-Fischer, Victor Lange, Klaus W. Jonas, J. R. von Salis, Michael Mann, Hans Wysling, Walter Jens.]

Corino, Karl: Robert Musil – Thomas Mann. Ein Dialog. Pfullingen 1971.

Dierks, Manfred: Die Aktualität der positivistischen Methode – am Beispiel Thomas Mann. In: Orbis Litterarum 33 (1978) S. 158 bis 182.

– Studien zu Mythos und Psychologie bei Thomas Mann. An seinem Nachlaß orientierte Untersuchungen zum *Tod in Venedig*, zum *Zauberberg* und zur *Joseph*-Tetralogie. Bern/München 1972. (Thomas-Mann-Studien. 2.)

Frizen, Werner: Zaubertrank der Metaphysik. Quellenkritische Überlegungen im Umkreis der Schopenhauer-Rezeption Thomas Manns. Frankfurt a. M. 1980.

Gockel, Heinz / Michael Neumann / Ruprecht Wimmer (Hrsg.): Wagner – Nietzsche – Thomas Mann. Festschrift für Eckhard Heftrich. Frankfurt a. M. 1993. [Mit Beiträgen von Dieter Borchmeyer, Victor Lange, Michael Neumann, Ruprecht Wimmer, Hans Rudolf Vaget, Hans Maier, Wolfgang Müller-Lauter, Massimo Ferrari-Zumbini, Urs Heftrich, Claude David, Terence James Reed, Hermann Kurzke, Ulrich Karthaus, Heinz Gockel, Werner Frizen, Herbert Lehnert, Roger Bauer, Bernhard Böschenstein, Herbert Kraft, Helmut Koopmann, Inge Jens, Manfred Dierks, Walter Hinck, Hans Wysling, Doris Runge.]

Hamburger, Käte: Der Humor bei Thomas Mann. Zum *Joseph*-Roman. München 1965, ²1971.

Hansen, Volkmar: Thomas Mann. Stuttgart 1984. (Sammlung Metzler. 211.)

– (Hrsg.) Interpretationen: Thomas Mann. Romane und Erzählungen. Stuttgart 1993. (Reclams UB. 8810.) [Mit Beiträgen von Georg Wenzel, Jehuda Galor, Yasushi Sakurai, Bernhard Böschenstein, Eva Wessell, Helmut Koopmann, Herbert Lehnert, Volkmar Hansen, Jacques Darmaun, Terence James Reed, Herbert Anton.]

Heftrich, Eckhard: Geträumte Taten. *Joseph und seine Brüder*. Über Thomas Mann. Bd. 3. Frankfurt a. M. 1993. (Das Abendland. N. F. 21.)

– Vom Verfall zur Apokalypse. Über Thomas Mann. Bd. 2. Frankfurt a. M. 1982. (Das Abendland. N. F. 14.)

– Zauberbergmusik. Über Thomas Mann. Frankfurt a. M. 1975. (Das Abendland. N. F. 7.)

– / Helmut Koopmann (Hrsg.): Thomas Mann und seine Quellen. Festschrift für Hans Wysling. Frankfurt a. M. 1991. [Mit Beiträgen von Eckhard Heftrich, Helmut Koopmann, Terence James Reed, Hans-Joachim Sandberg, Manfred Dierks, Hermann Kurzke, Herbert Lehnert, Peter Pütz, Werner Frizen, Hinrich Siefken, Hans Rudolf Vaget, Ruprecht Wimmer und Thomas Sprecher.]

– / Hans Wysling (Hrsg.): Thomas Mann Jahrbuch. Bd. 1 ff. Frankfurt a. M. 1988 ff.

Jens, Walter: Der Gott der Diebe und sein Dichter. Thomas Mann und die Welt der Antike. In: W. J.: Statt einer Literaturgeschichte. Pfullingen 1957. S. 87–107.

Kolbe, Jürgen: Heller Zauber. Thomas Mann in München 1894 bis 1933. Berlin 1987.

Koopmann, Helmut (Hrsg.): Thomas-Mann-Handbuch. Stuttgart 1990.
Kurzke, Hermann: Auf der Suche nach der verlorenen Irrationalität. Thomas Mann und der Konservatismus. Würzburg 1980.
– Mondwanderungen. Wegweiser durch Thomas Manns *Joseph*-Roman. Frankfurt a. M. 1993.
– Thomas Mann. Epoche–Werk–Wirkung. München 1985. (Beck'sche Elementarbücher.)
– Thomas-Mann-Forschung 1969–1976. Ein kritischer Bericht. Frankfurt a. M. 1977.
Lehnert, Herbert: Thomas Mann. In: Deutsche Dichter. Hrsg. von Gunter E. Grimm und Frank Rainer Max. Bd. 7. Stuttgart 1989. (Reclams UB. 8617.) S. 71–94.
– Thomas Mann. Fiktion, Mythos, Religion. Stuttgart 1965, ²1968.
– Thomas-Mann-Forschung. Ein Bericht. Stuttgart 1969. In: Deutsche Vierteljahrsschrift für Literaturwissenschaft und Geistesgeschichte. Erster Teil. 40 (1966) S. 257–297. Zweiter Teil. 41 (1967) S. 599–653.
– Thomas Manns Josephstudien 1927–1939. In: Jahrbuch der deutschen Schillergesellschaft 10 (1966) S. 378–406.
– Thomas Manns Vorstudien zur Josephstetralogie. In: Jahrbuch der deutschen Schillergesellschaft 7 (1963) S. 458–520.
– / Eva Wessell: Nihilismus der Menschenfreundlichkeit. Thomas Manns »Wandlung« und sein Essay *Goethe und Tolstoi*. Frankfurt a. M. 1991. (Thomas-Mann-Studien. 9.)
Lukács, Georg: Thomas Mann. In: G. L.: Deutsche Literatur in zwei Jahrhunderten. Neuwied/Berlin 1964. (G. L.: Werke. Bd. 7.) S. 501–618.
Maar, Michael: Der Teufel in Palestrina. Neues zum *Doktor Faustus* und zur Position Gustav Mahlers im Werk Thomas Manns. In: Literaturwissenschaftliches Jahrbuch im Auftrage der Görres-Gesellschaft. N. F. 30 (1989) S. 211–247.
Pütz, Peter (Hrsg.): Thomas Mann und die Tradition. Frankfurt a. M. 1971. [Mit Beiträgen von Viktor Žmegač, Herbert Lehnert, Willy R. Berger, Lothar Pikulik, Oskar Seidlin, H. Stefan Schultz, Helmut Koopmann, Erwin Koppen, Peter Pütz und Beate Pinkerneil.]
Sandberg, Hans-Joachim: Thomas Manns Schiller-Studien. Eine quellenkritische Untersuchung. Oslo 1965. (Germanische Schriftenreihe der norwegischen Universitäten und Hochschulen. 3.)

Scherrer, Paul / Hans Wysling: Quellenkritische Studien zum Werk Thomas Manns. Bern/München 1967. (Thomas-Mann-Studien 1.)

Schröter, Klaus (Hrsg.): Thomas Mann im Urteil seiner Zeit. Dokumente 1891–1955. Hamburg 1969.

Seidlin, Oskar: Stiluntersuchungen an einem Thomas-Mann-Satz. In: O. S.: Von Goethe zu Thomas Mann. Zwölf Versuche. Göttingen 1963. S. 148–161.

Sommerhage, Claus: Eros und Poesis. Über das Erotische im Werk Thomas Manns. Bonn 1983. (Bonner Arbeiten zur deutschen Literatur. 40.)

Syfuß, Antje: Zauberer mit Märchen. Eine Studie zu Thomas Mann. Frankfurt a. M. 1993.

Vaget, Hans Rudolf: »Goethe oder Wagner«. Studien zu Thomas Manns Goethe-Rezeption 1905–1912. In: H. R. V. / Dagmar Barnouw: Thomas Mann. Studien zu Fragen der Rezeption. Bern/Frankfurt a. M. 1975. S. 1–81. (New York University Ottendorfer Series. N. F. 7.)

– Thomas Mann – Kommentar zu sämtlichen Erzählungen. München 1984.

Wisskirchen, Hans: »Die Beleuchtung, die auf mich fällt, hat oft gewechselt.« Neue Studien zum Werk Thomas Manns. Würzburg 1991. [Mit Beiträgen von Jutta Rosellit, Franz Orlik, Bernhard Schubert, Rainer Scheer / Andrea Seppi, Hans Wisskirchen, Ulla Hofstaetter.]

Wysling, Hans: Dokumente und Untersuchungen. Beiträge zur Thomas-Mann-Forschung. Bern/München 1974. (Thomas-Mann-Studien. 3.)

– »Geist und Kunst«. Thomas Manns Notizen zu einem Literatur-Essay. In: Paul Scherrer / Hans Wysling: Quellenkritische Studien zum Werk Thomas Manns. Bern/München 1967. (Thomas-Mann-Studien. 1.)

– Thomas Mann heute. Sieben Vorträge. Bern/München 1976.

– unter Mitw. von Werner Pfister: Dichter oder Schriftsteller. Der Briefwechsel zwischen Thomas Mann und Joseph Ponten. Bern 1988. (Thomas-Mann-Studien. 8.)

– unter Mitarb. von Yvonne Schmidlin (Hrsg.): Bild und Text bei Thomas Mann. Eine Dokumentation. Bern/München 1975.

Zeller, Michael: »Väter und Söhne« bei Thomas Mann. Der Generationsschritt als geschichtlicher Prozeß. Bonn 1974. (Bonner Arbeiten zur deutschen Literatur. 27.)

IV. Literaturhinweise

Zu den interpretierten Romanen und Novellen

Buddenbrooks

Dräger, Hartwig: *Buddenbrooks*. Dichtung und Wirklichkeit. Bilddokumente. Lübeck 1993.
Moulden, Ken / Gero von Wilpert (Hrsg.): *Buddenbrooks*-Handbuch. Stuttgart 1988.
Vaget, Hans Rudolf: Thomas Mann und Wagner. Zur Funktion des Leitmotivs in *Der Ring des Nibelungen* und *Buddenbrooks*. In: Steven Paul Scher (Hrsg.): Literatur und Musik. Ein Handbuch zur Theorie und Praxis eines komparatistischen Grenzgebietes. Berlin 1984.

Tonio Kröger

Bellmann, Werner: Erläuterungen und Dokumente: Thomas Mann: *Tonio Kröger*. Stuttgart 1971 [u. ö.]. (Reclams UB. 8163.)

Tristan

Dittmann, Ulrich: Erläuterungen und Dokumente: Thomas Mann: *Tristan*. Stuttgart 1971 [u. ö.]. (Reclams UB. 8115.)

Schwere Stunde

Daemmrich, Horst S.: Thomas Mann's *Schwere Stunde* Reconsidered. In: Papers on Language and Literature 3 (1967) S. 34–41.
Hatfield, Henry: Thomas Mann. An Introduction to his fiction. Norfolk ²1962.
Witte, William: Thomas Mann and Schiller. In: German Life and Letters 10 (1956) S. 289–297.

Das Eisenbahnunglück

Lukács, Georg: Auf der Suche nach dem Bürger. In: G. L.: Deutsche Literatur in zwei Jahrhunderten. Neuwied/Berlin 1964. (G. L.: Werke. Bd. 7.) S. 505–517.

Reiss, Gunter: Herrenrecht: Bemerkungen zum Syndrom des Autoritären in Thomas Manns frühen Erzählungen. In: Gedenkschrift für Thomas Mann 1875–1975. Hrsg. von R. Wiecker. Kopenhagen 1975. S. 67–94.

Der Tod in Venedig

Bahr, Erhard: Erläuterungen und Dokumente: Thomas Mann: *Der Tod in Venedig*. Stuttgart 1991 [u. ö.]. (Reclams UB. 8188.)
Reed, Terence James: Thomas Mann: *Der Tod in Venedig*. Text, Materialien, Kommentar mit den bisher unveröffentlichten Arbeitsnotizen Thomas Manns. München/Wien 1983. (Hanser Literatur-Kommentar. 19.)
Vaget, Hans Rudolf: Thomas Mann und die Neuklassik. *Der Tod in Venedig* und Samuel Lublinskis Literaturauffassung. In: Jahrbuch der deutschen Schillergesellschaft 17 (1973) S. 432–454.

Der Zauberberg

Karthaus, Ulrich: *Der Zauberberg* – ein Zeitroman (Zeit, Geschichte, Mythos). In: Deutsche Vierteljahrsschrift für Literaturwissenschaft und Geistesgeschichte 44 (1970) S. 269–305.
– Thomas Mann: *Der Zauberberg* (1924). In: Paul Michael Lützeler (Hrsg.): Deutsche Romane des 20. Jahrhunderts. Neue Interpretationen. Königstein i. Ts. 1983. S. 95–119.
Kristiansen, Børge: Thomas Manns *Zauberberg* und Schopenhauers Metaphysik. Bonn ²1986.
Lehnert, Herbert: Leo Naphta und sein Autor. In: Orbis Litterarum 37 (1982) S. 47–69.
Meyer, Herman: Thomas Mann *Der Zauberberg* und *Lotte in Weimar*. In: H. M.: Das Zitat in der Erzählkunst. Zur Geschichte und Poetik des europäischen Romans. Stuttgart ²1967. S. 207–245.
Sauereßig, Heinz (Hrsg.): Besichtigung des Zauberbergs. Biberach (Riß) 1974.
– Die Entstehung des Romans *Der Zauberberg*. Biberach (Riß) 1965.
Weigand, Hermann: Thomas Mann's Novel *Der Zauberberg*. A Study. New York 1971. (Reprint der Ausgabe New York 1933.)

Wisskirchen, Hans: Zeitgeschichte im Roman. Zu Thomas Manns *Zauberberg* und *Doktor Faustus*. Bonn 1986. (Thomas-Mann-Studien. 6.)

Wolff, Rudolf (Hrsg.): Aufsätze zum *Zauberberg*. Bonn 1988. (Sammlung Profile. Hrsg. von R. Wolff. 33.)

Mario und der Zauberer

Pörnbacher, Karl: Erläuterungen und Dokumente: Thomas Mann: *Mario und der Zauberer*. Stuttgart 1985 [u. ö.]. (Reclams UB. 8153.)

Sautermeister, Gert: Thomas Mann: *Mario und der Zauberer*. München 1981.

Schwarz, Egon: Fascism and Society. Remarks on Thomas Mann's Novella *Mario and the Magician*. In: Michigan Germanic Studies 2 (1976) S. 47–67.

Bekenntnisse des Hochstaplers Felix Krull

Wysling, Hans: Narzißmus und illusionäre Existenzform. Zu den *Bekenntnissen des Hochstaplers Felix Krull*. Bern/München 1982. (Thomas-Mann-Studien. 5.)

V. Abbildungsnachweis

 25 Thomas Mann. Foto 1916.
103 Thomas Mann. Foto 1954/55.
    (Ullstein Bilderdienst, Berlin)

13 Thomas Mann. Foto 1899.
33 Thomas und Heinrich Mann. Foto 1940.
37 Thomas Mann. Foto 1946.
47 Anfang von *Buddenbrooks* in der Handschrift Thomas Manns. 1897.
   (Thomas-Mann-Archiv, Zürich)

95 Thomas Mann. Foto 1949.
   (S. Fischer Verlag, Frankfurt a. M.)

Lektüreschlüssel für Schüler

Alfred Andersch: *Sansibar oder der letzte Grund.*
Von Stefan Schallenberger. 96 S. UB 15311

Jurek Becker: *Jakob der Lügner.*
Von Olaf Kutzmutz. 80 S. UB 15346

Bertolt Brecht: *Leben des Galilei.*
Von Franz-Josef Payrhuber. 91 S. UB 15320

Bertolt Brecht: *Mutter Courage.*
Von Stefan Schallenberger. 95 S. UB 15329

Georg Büchner: *Dantons Tod.*
Von Wilhelm Große. 96 S. UB 15344

Georg Büchner: *Leonce und Lena.*
Von Wilhelm Große. 96 S. UB 15319

Albert Camus: *L'Étranger.*
Von Ernst Kemmner. 93 S. UB 15357

Alfred Döblin: *Berlin Alexanderplatz.*
Von Helmut Bernsmeier. 89 S. UB 15317

Annette von Droste-Hülshoff: *Die Judenbuche.*
Von Bernd Völkl. 53 S. UB 15305

Friedrich Dürrenmatt: *Die Physiker.*
Von Franz-Josef Payrhuber. 77 S. UB 15302

Joseph von Eichendorff: *Aus dem Leben eines Taugenichts.* Von Theodor Pelster. 88 S. UB 15306

Theodor Fontane: *Effi Briest.*
Von Theodor Pelster. 87 S. UB 15327

Theodor Fontane: *Unterm Birnbaum.*
Von Michael Bohrmann. 82 S. UB 15307

Max Frisch: *Andorra.*
Von Olaf Kutzmutz. 78 S. UB 15332

Max Frisch: *Biedermann und die Brandstifter.*
Von Bertold Heizmann. 84 S. UB 15330

Max Frisch: *Homo faber.*
Von Theodor Pelster. 87 S. UB 15303

Johann Wolfgang Goethe: *Faust I.*
Von Wolfgang Kröger. 69 S. UB 15301

Johann Wolfgang Goethe: *Götz von Berlichingen.*
Von Kathleen Ellenrieder. 71 S. UB 15331

Johann Wolfgang Goethe: *Die Leiden des jungen Werther.* Von Mario Leis. 75 S. UB 15312

Jeremias Gotthelf: *Die schwarze Spinne.*
Von Walburga Freund-Spork. 79 S. UB 15336

Günter Grass: *Katz und Maus.*
Von Wolfgang Spreckelsen. 79 S. UB 15304

Günter Grass: *Im Krebsgang.*
Von Theodor Pelster. 96 S. UB 15338

Gerhart Hauptmann: *Bahnwärter Thiel.*
Von Mario Leis. 70 S. UB 15314

Heinrich Heine: *Deutschland. Ein Wintermärchen.*
Von Wolfgang Kröger. 79 S. UB 15325

Hermann Hesse: *Unterm Rad.*
Von Georg Patzer. 96 S. UB 15340

E.T.A. Hoffmann: *Das Fräulein von Scuderi.*
Von Winfried Freund. 74 S. UB 15321

E.T.A. Hoffmann: *Der goldne Topf.*
Von Martin Neubauer. 74 S. UB 15326

Franz Kafka: *Die Verwandlung*.
Von Wilhelm Große. 94 S. UB 15342

Gottfried Keller: *Kleider machen Leute*.
Von Walburga Freund-Spork. 87 S. UB 15313

Gottfried Keller: *Romeo und Julia auf dem Dorfe*.
Von Klaus-Dieter Metz. 87 S. UB 15324

Heinrich von Kleist: *Das Erdbeben in Chili*.
Von Susanne Gröble. 79 S. UB 15322

Heinrich von Kleist: *Michael Kohlhaas*.
Von Theodor Pelster. 79 S. UB 15334

Heinrich von Kleist: *Der zerbrochne Krug*.
Von Theodor Pelster. 85 S. UB 15333

Gotthold Ephraim Lessing: *Emilia Galotti*.
Von Theodor Pelster. 93 S. UB 15318

Gotthold Ephraim Lessing: *Minna von Barnhelm*.
Von Bernd Völkl. 60 S. UB 15323

Gotthold Ephraim Lessing: *Nathan der Weise*.
Von Theodor Pelster. 96 S. UB 15316

Thomas Mann: *Mario und der Zauberer*.
Von Michael Mommert. 72 S. UB 15343

Thomas Mann: *Tonio Kröger*.
Von Martin Neubauer. 67 S. UB 15309

Robert Musil: *Die Verwirrungen des Zöglings Törleß*.
Von Manfred Eisenbeis. 96 S. UB 15345

Morton Rhue: *The Wave*.
Von Kathleen Ellenrieder. 62 S. UB 15355

Friedrich Schiller: *Don Karlos*.
Von Bertold Heizmann. 88 S. UB 15352

Friedrich Schiller: *Kabale und Liebe.*
Von Bernd Völkl. 70 S. UB 15335

Friedrich Schiller: *Maria Stuart.*
Von Theodor Pelster. 84 S. UB 15310

Friedrich Schiller: *Die Räuber.*
Von Reiner Poppe. 90 S. UB 15328

Friedrich Schiller: *Wilhelm Tell.*
Von Martin Neubauer. 78 S. UB 15337

William Shakespeare: *Romeo and Juliet.*
Von Kathleen Ellenrieder. 68 S. UB 15341

Theodor Storm: *Der Schimmelreiter.*
Von Winfried Freund. 96 S. UB 15315

Frank Wedekind: *Frühlings Erwachen.*
Von Martin Neubauer. 64 S. UB 15308

Carl Zuckmayer: *Der Hauptmann von Köpenick.*
Von Walburga Freund-Spork. 96 S. UB 15347

Reclam